Layout: Lisa Ladstätter
Juli 2021

Mein Festspielsommer 2018
Herwig Bachler

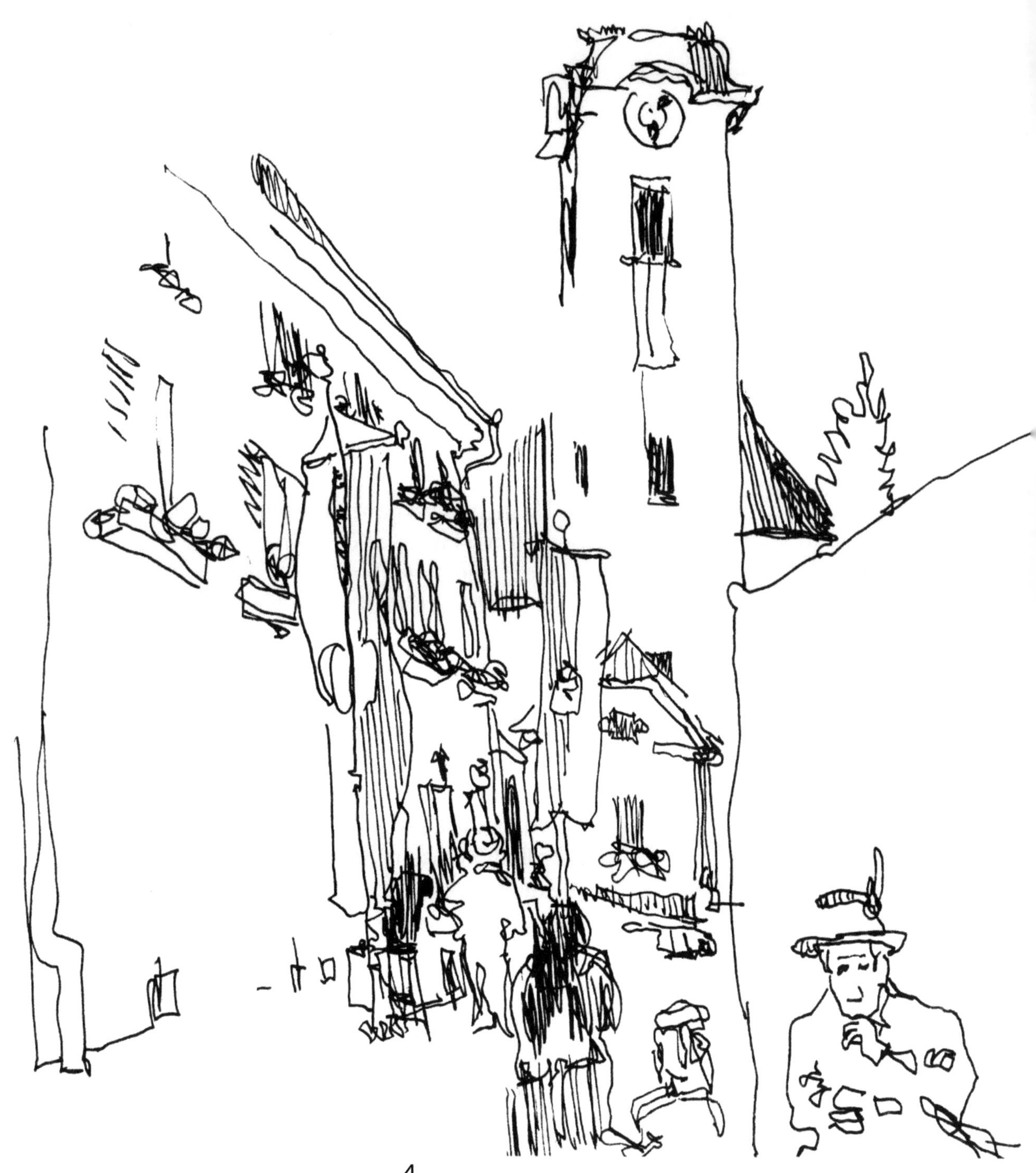

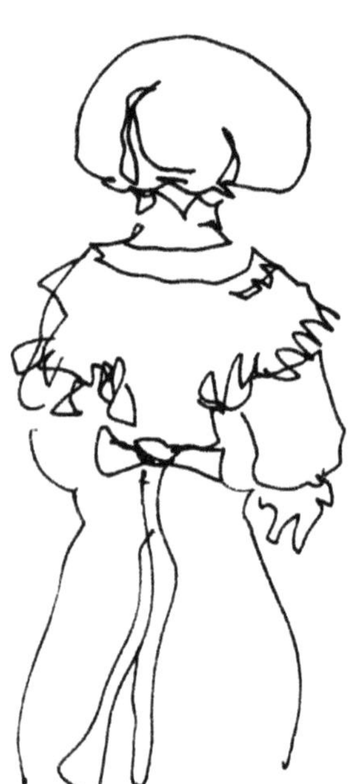

Hier liegt es nun, das neue Buch,
zusammengesetzt aus vielen Zeichnungen.
In jedem Strich schwingt noch die damalige
Gegenwart mit: Die Farbe des Abendhimmels,
der Geruch in der Meile, der Klang der Stimmen vom
Platz. Als Mitspieler in der kleinen Rolle des Alten
Bergknappen habe ich hinter den Kulissen einiges an
freier Zeit gehabt und kleine Notizen in mein Büchl
gezeichnet. Rückblickend bin ich überrascht, wie
viele einzelne Zeichnungen sich angesammelt
haben. Manche sind ganz überzeugend, andere
gehen halt nur im Schock. Und hier bin ich
angelangt in der Welt der alten Wörter:
Wie dankbar bin ich Paula Grogger, dass sie uns den
Festspieltext in der verschraubten Sprache ihrer Welt
hinterlassen hat:
was täten wir ohne Grisengeld und Ahnlmuatter,
Grichtsprofoß und Zsammverlaß?
„Und hint dabei a Schöckel Knappen." :
Das Spiel vom Prinzen Johann ist voll von Bildern
und Worten, die ein wenig einwendig und ein wenig
außerhalb der Gegenwart liegen. Wie ein Wunder
erscheint es, daß es den Öblarnern immer wieder
gelingt, das grandiose Ereignis des Festspiels
zusammen zu bringen.
Meine gezeichneten Notizen eines schönen Som-
mers sind in aller Abgeschiedenheit entstanden
und hier stelle ich sie ins Licht des Publikums.
Viel Freude damit!

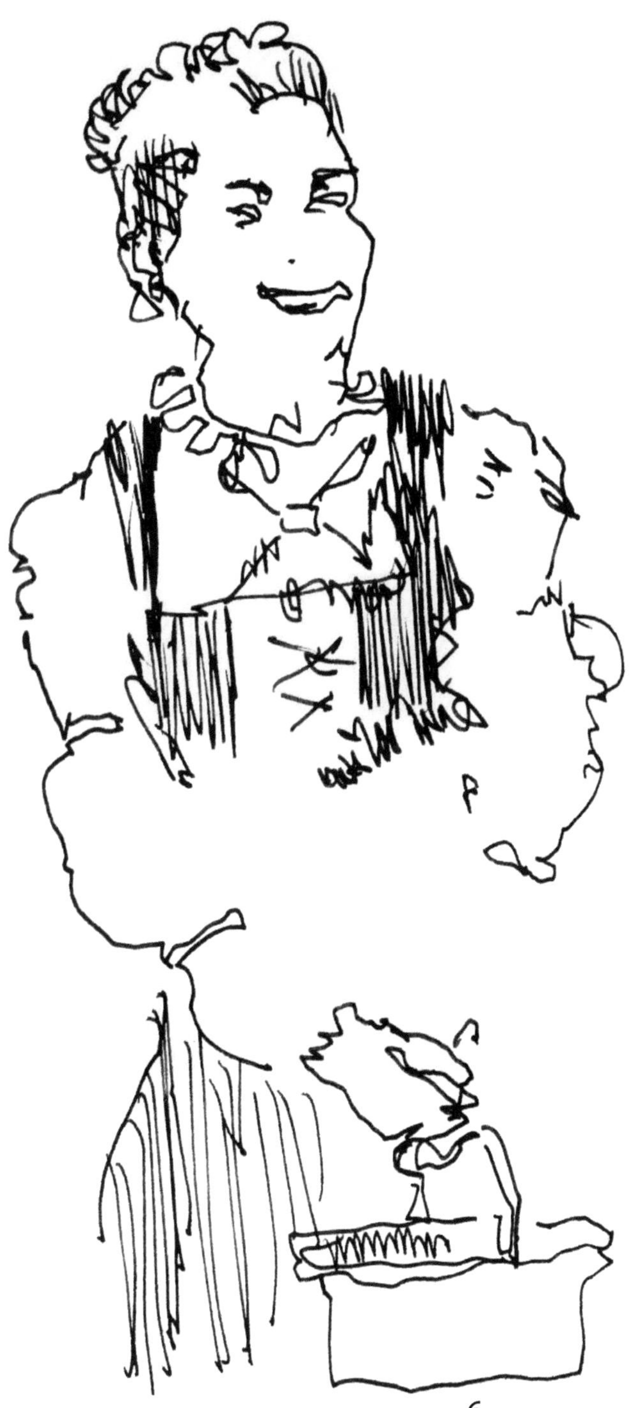

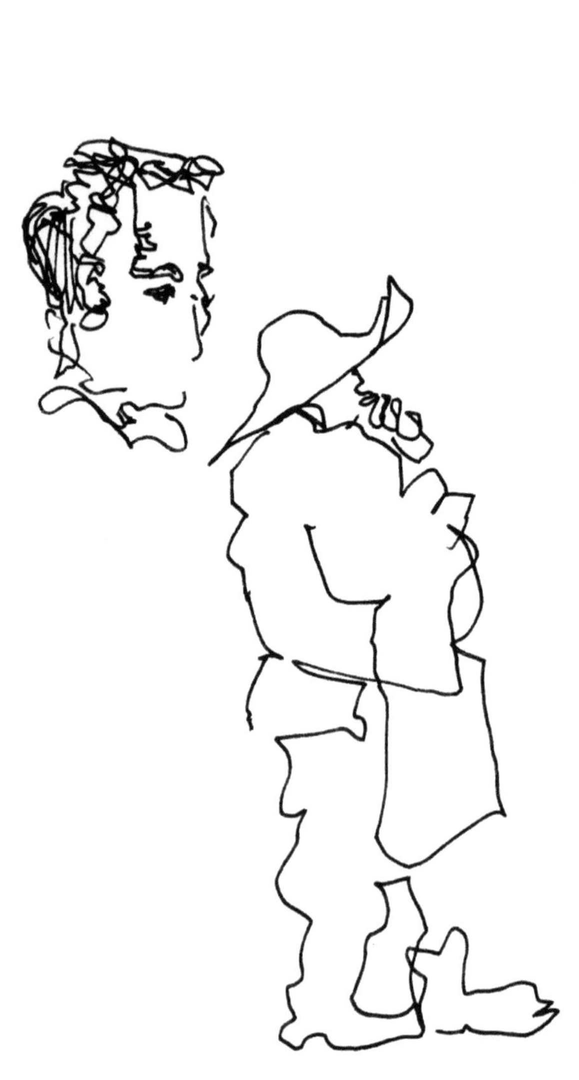
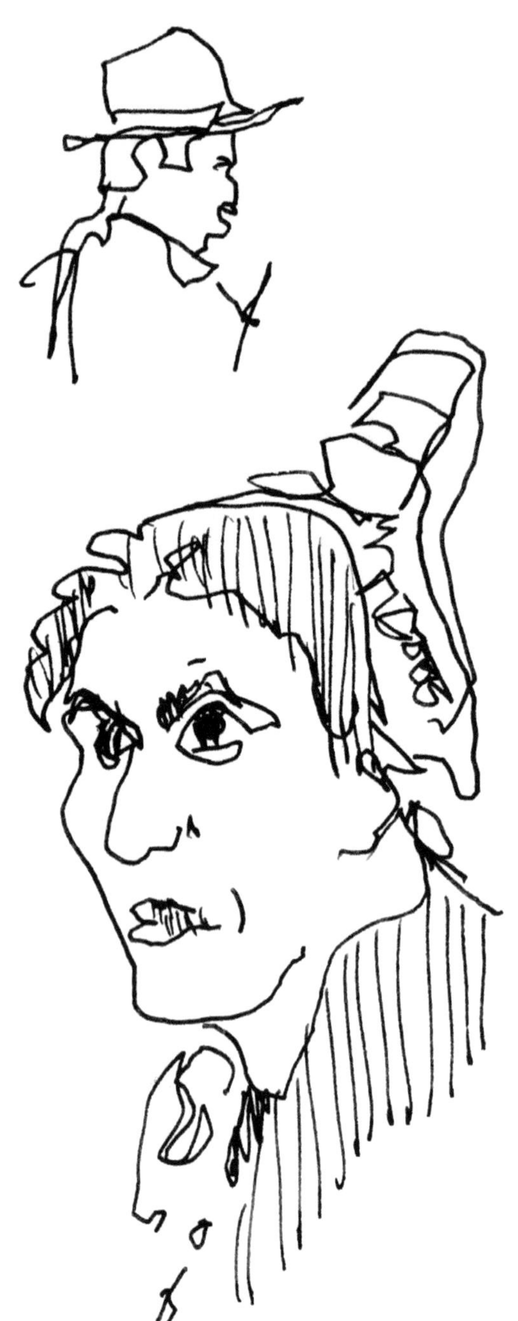

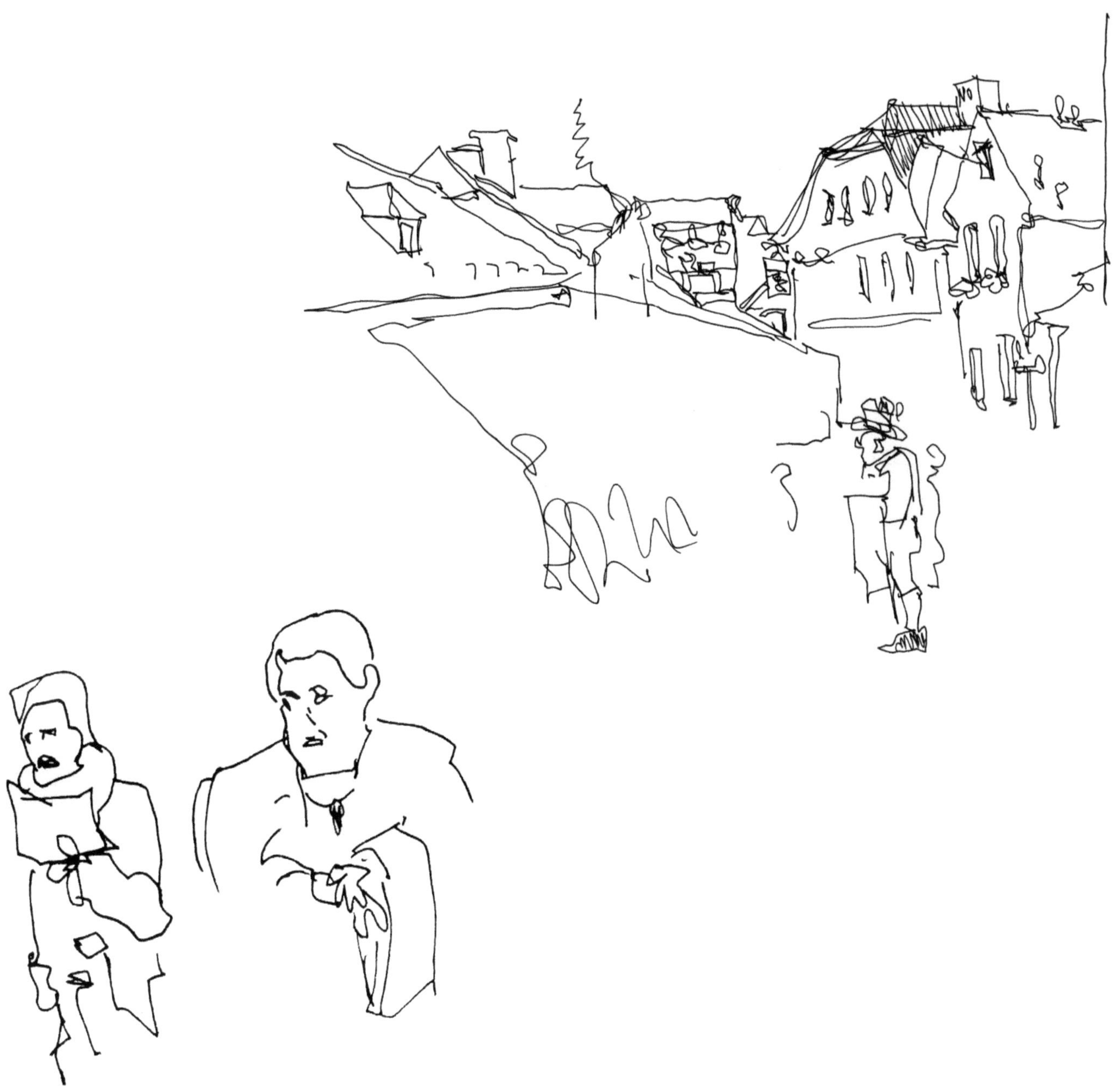

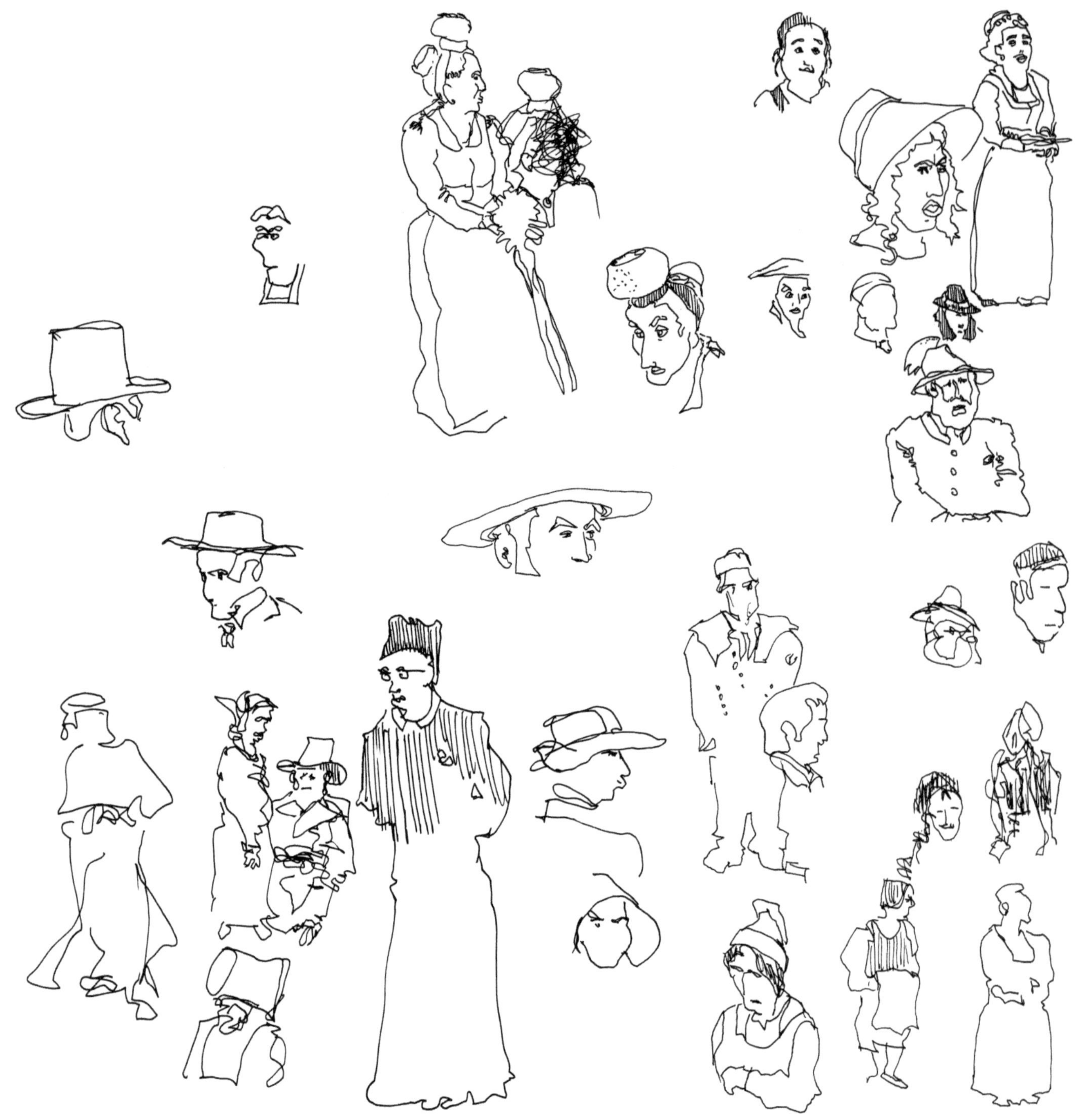

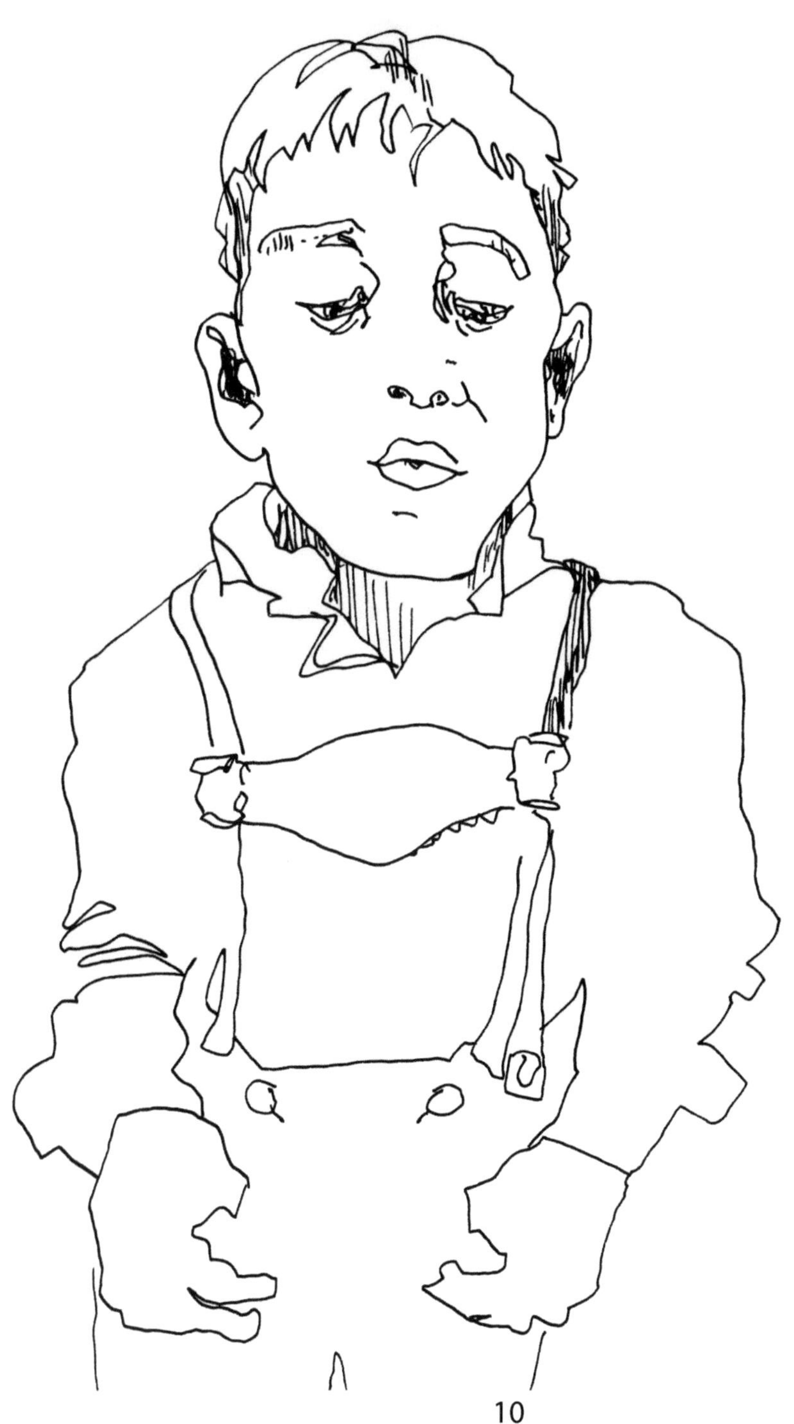

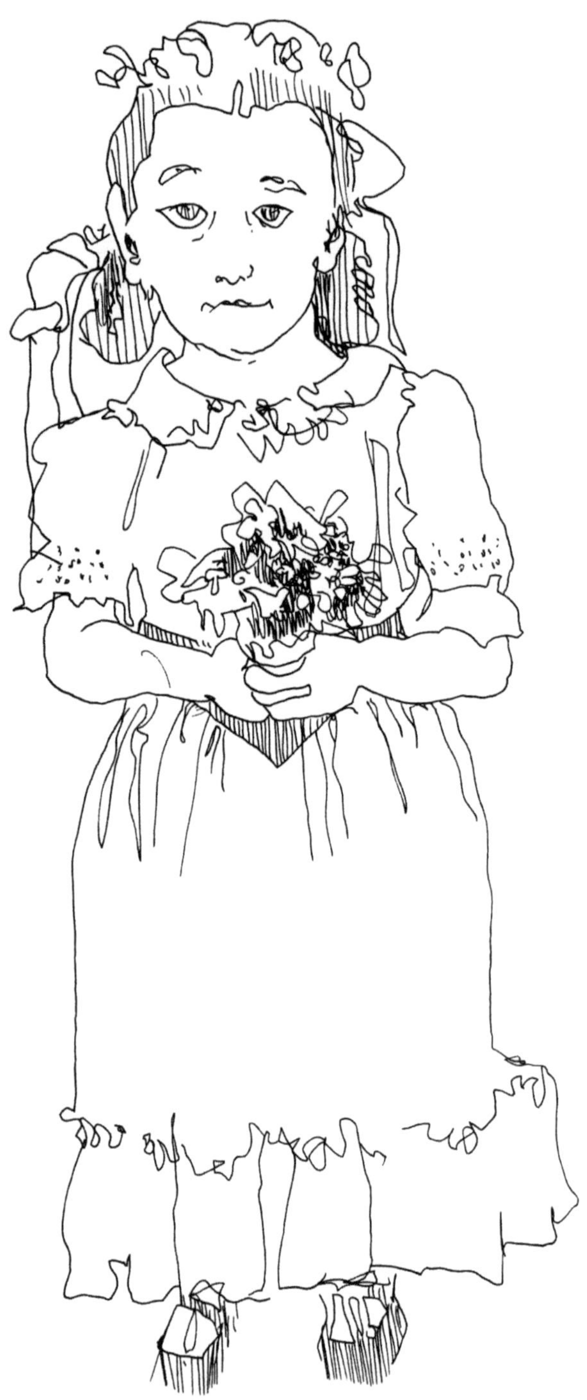

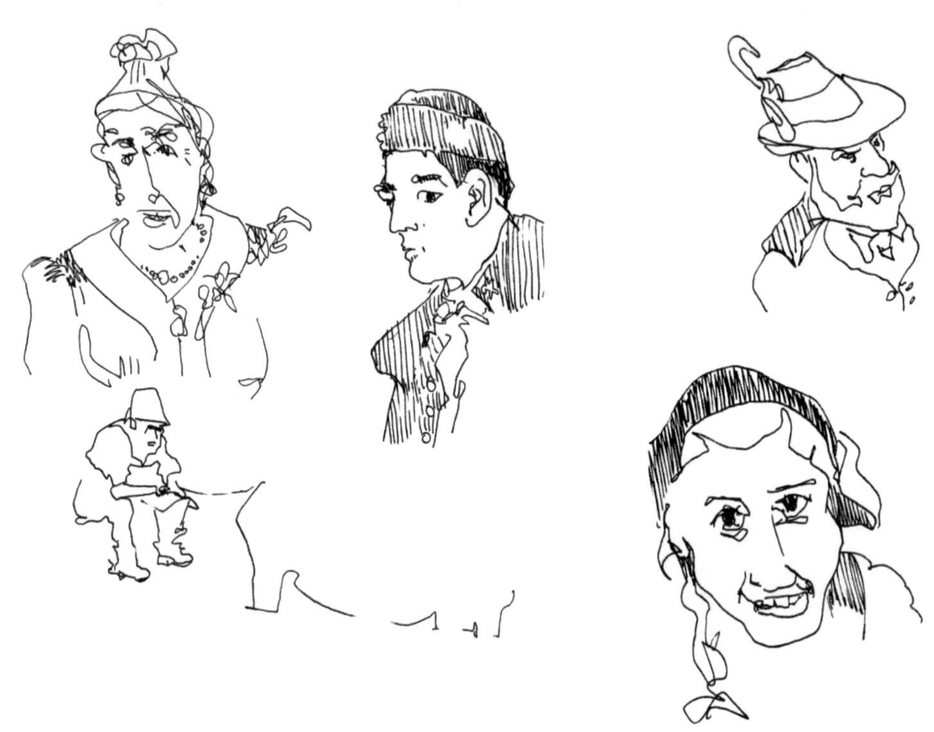

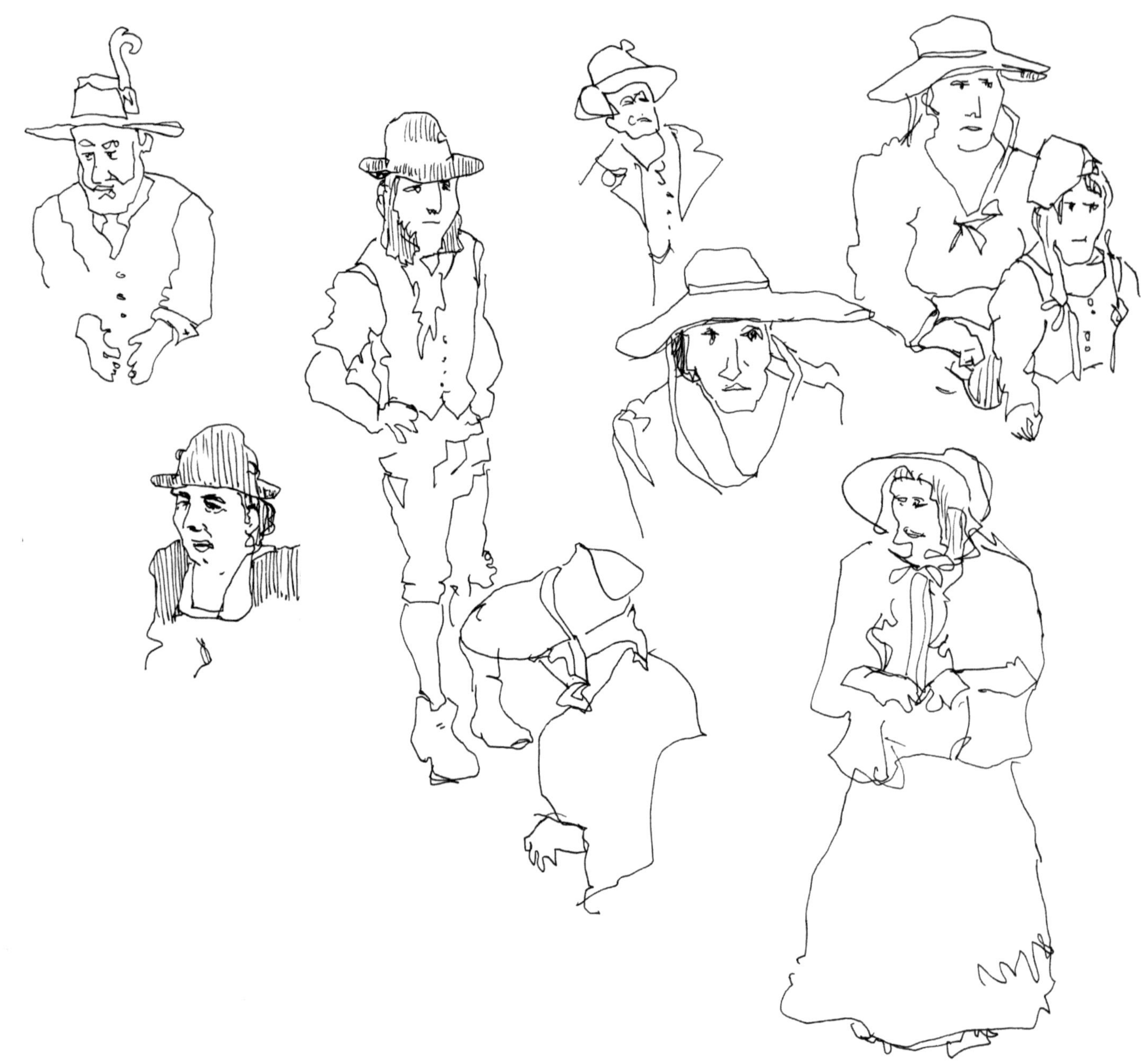

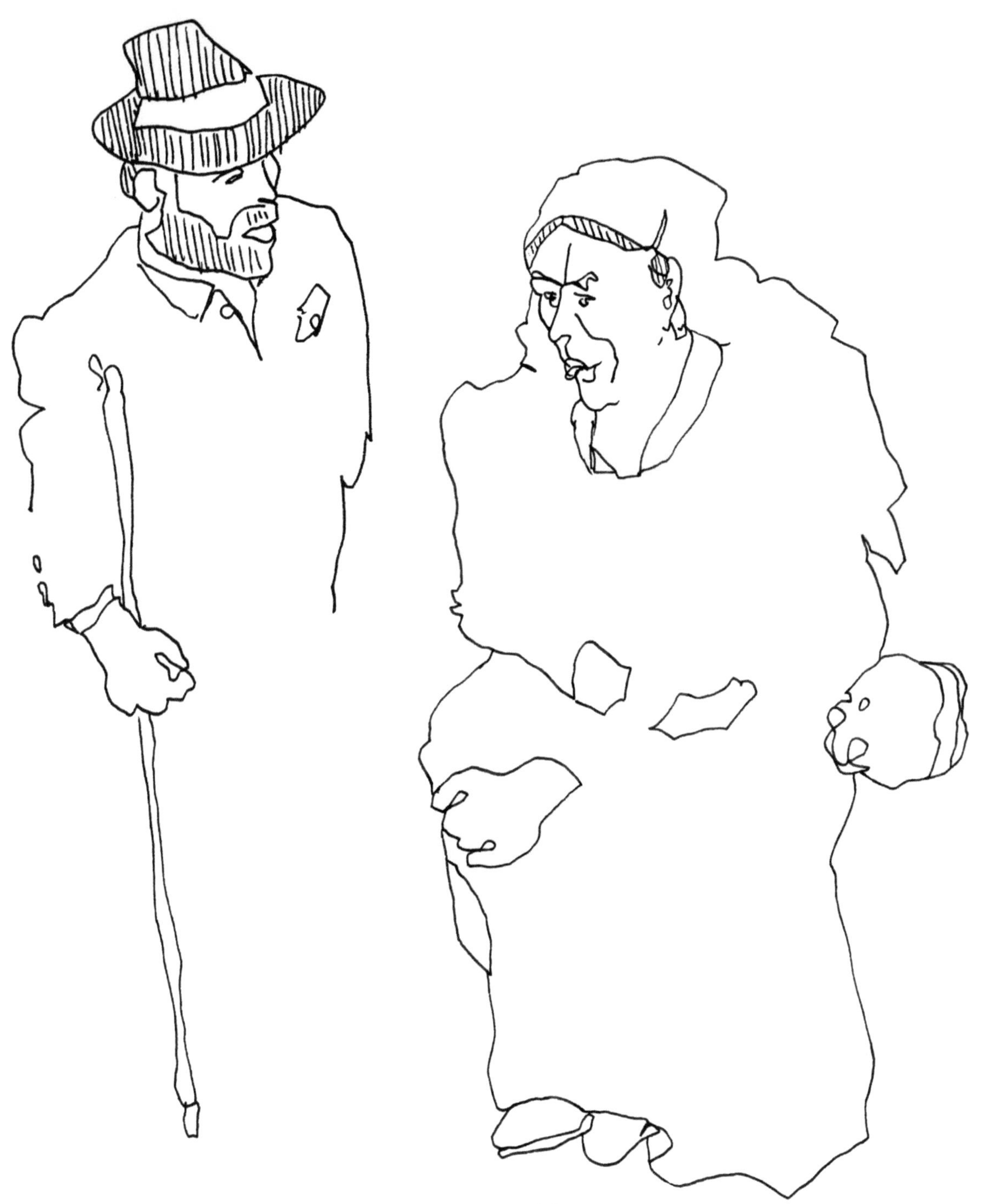

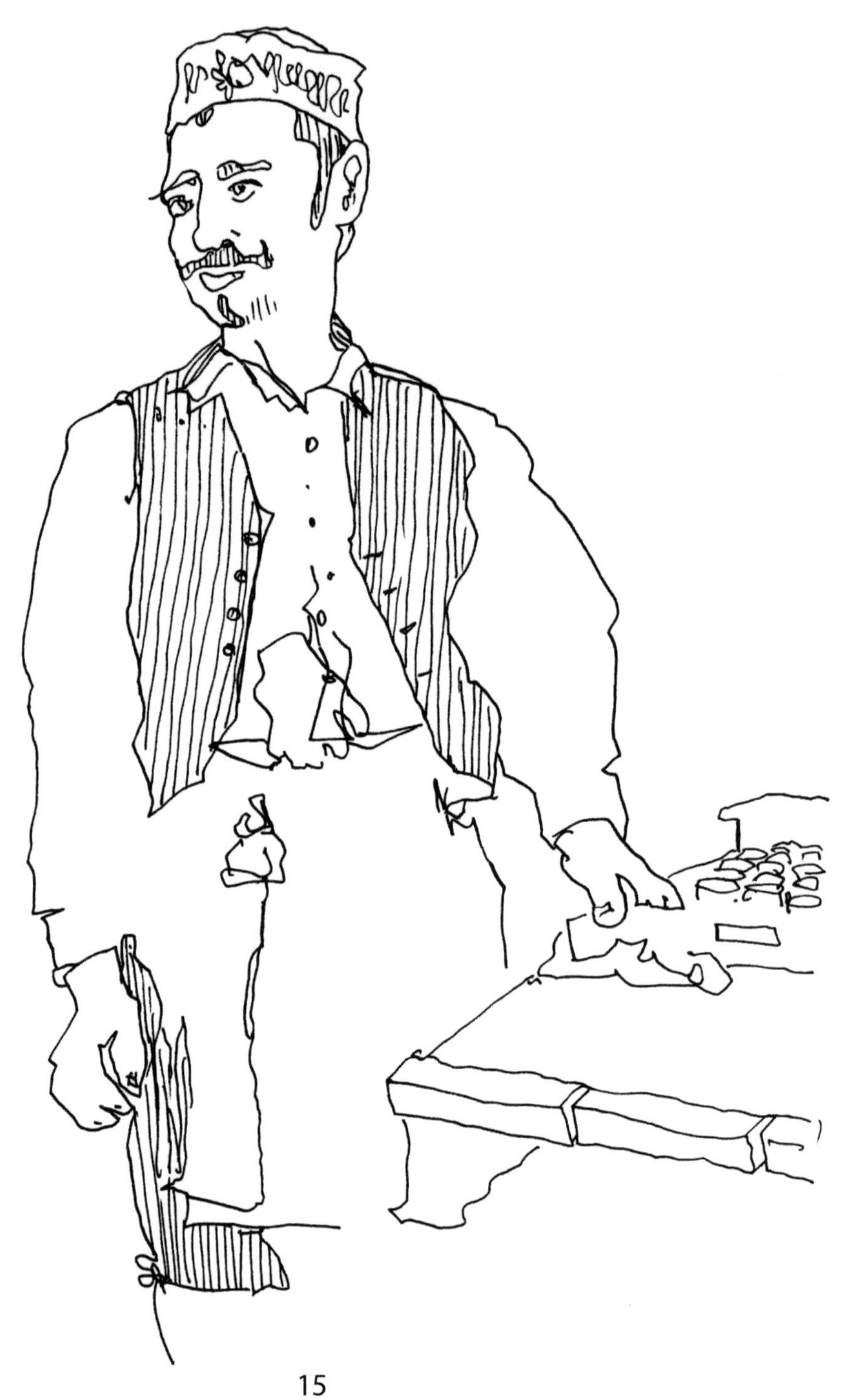

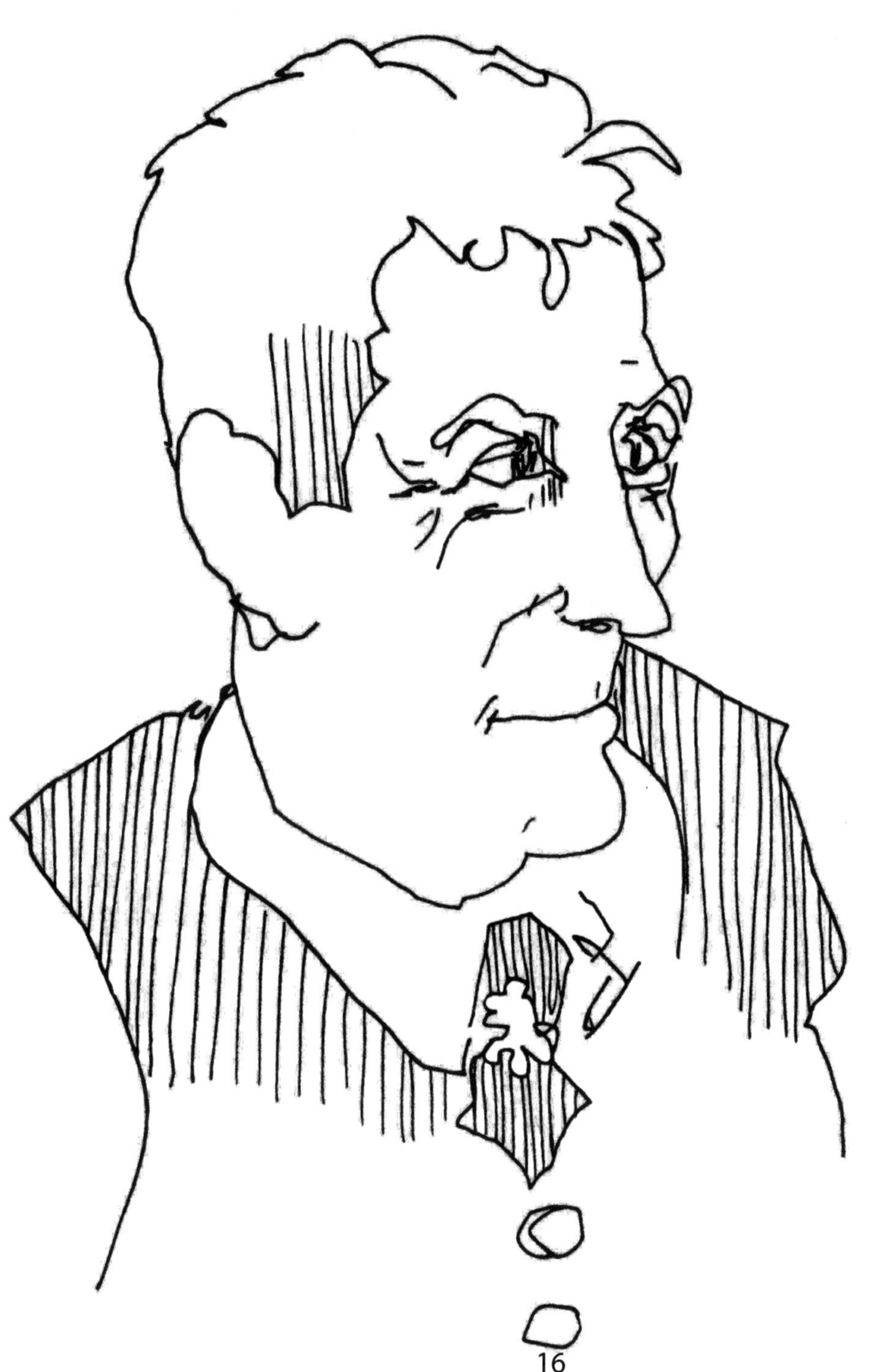

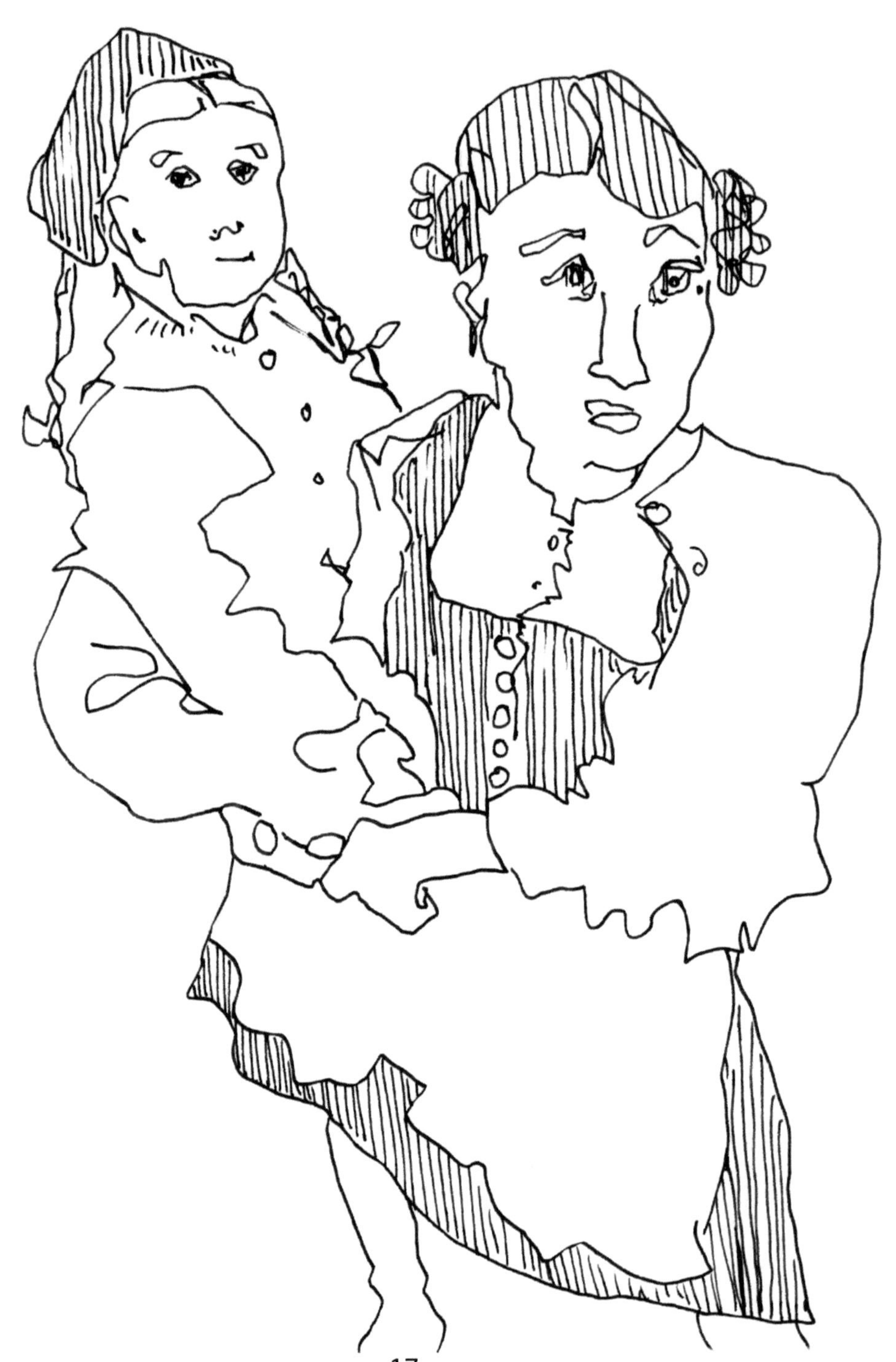

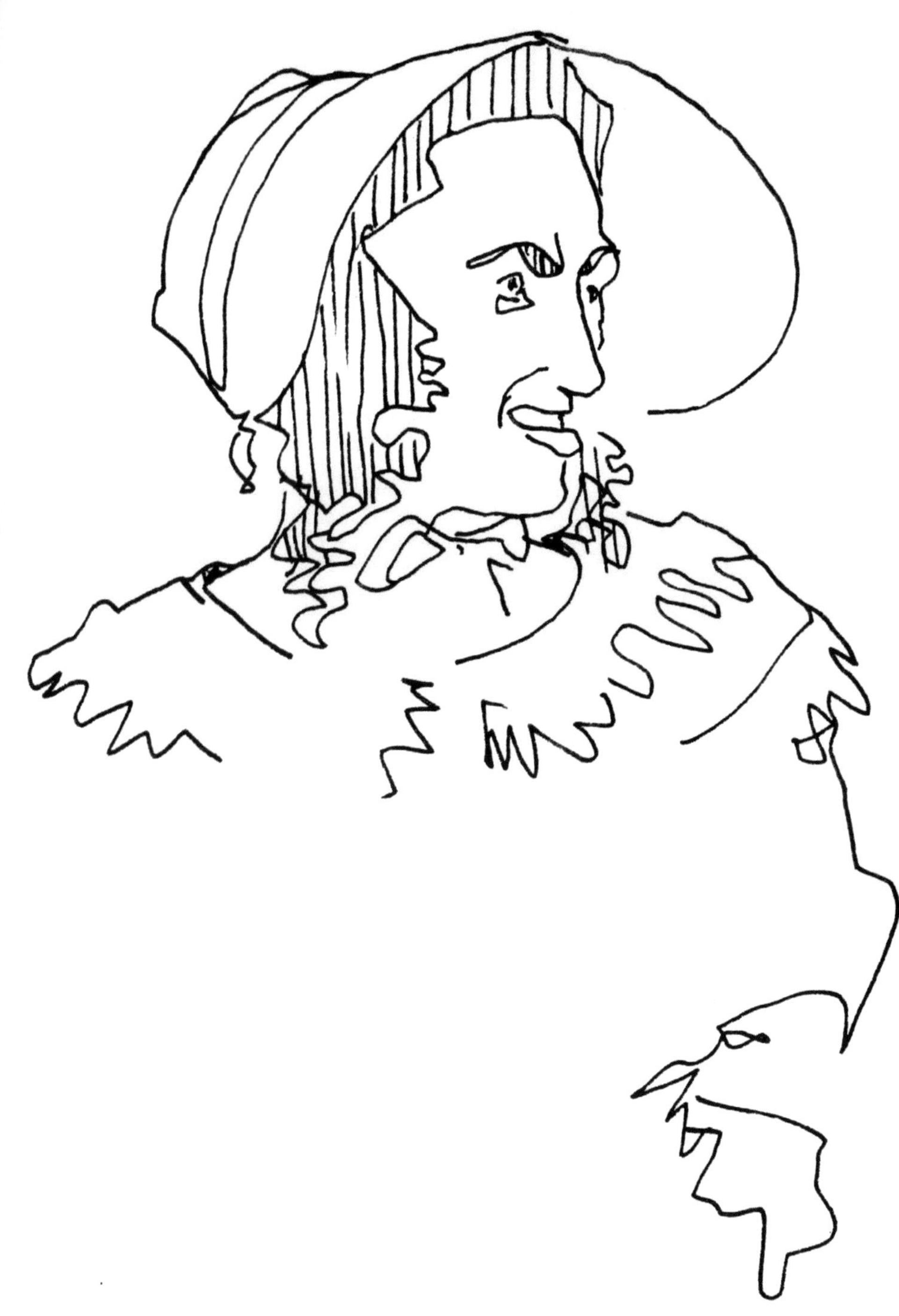

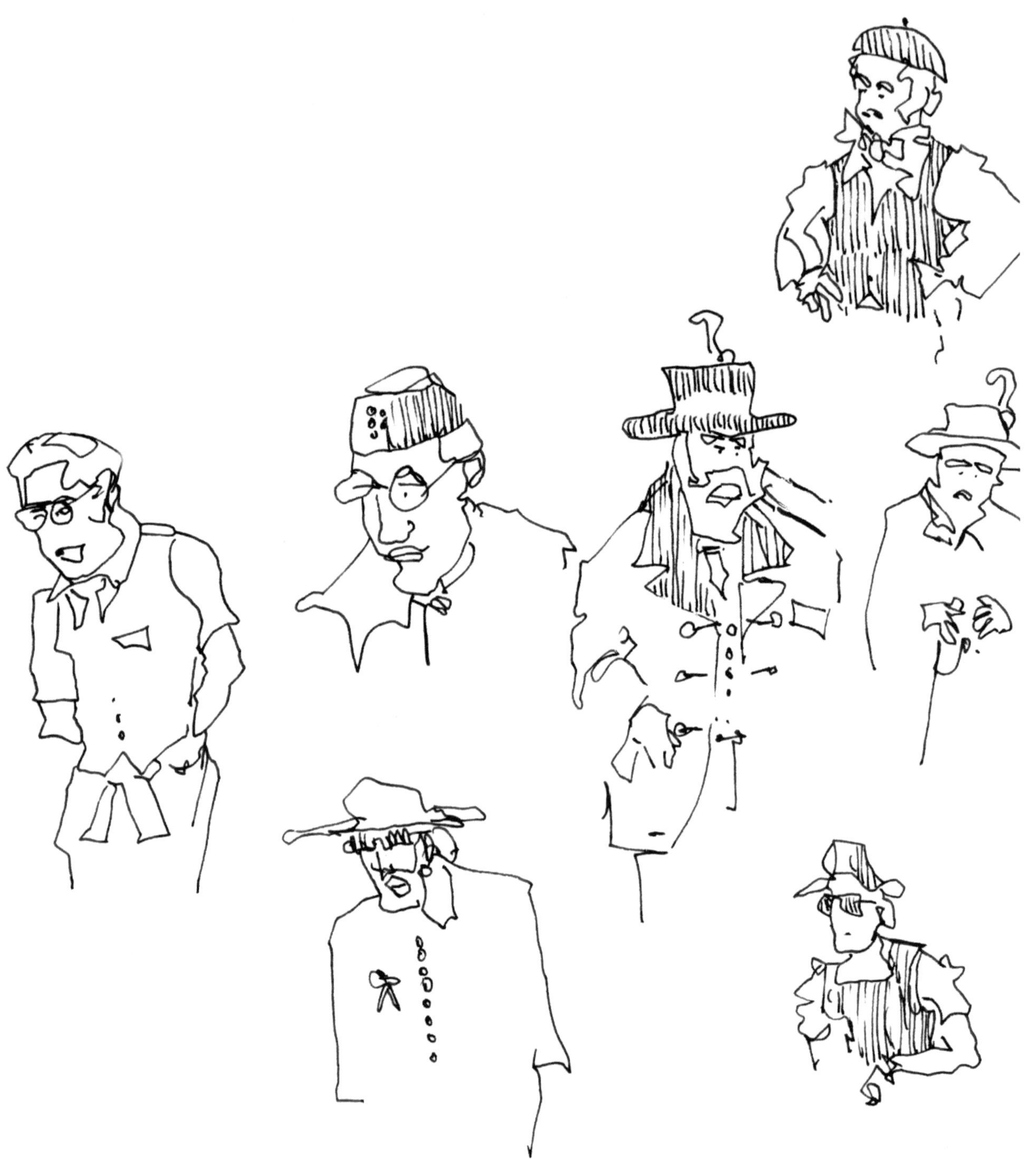

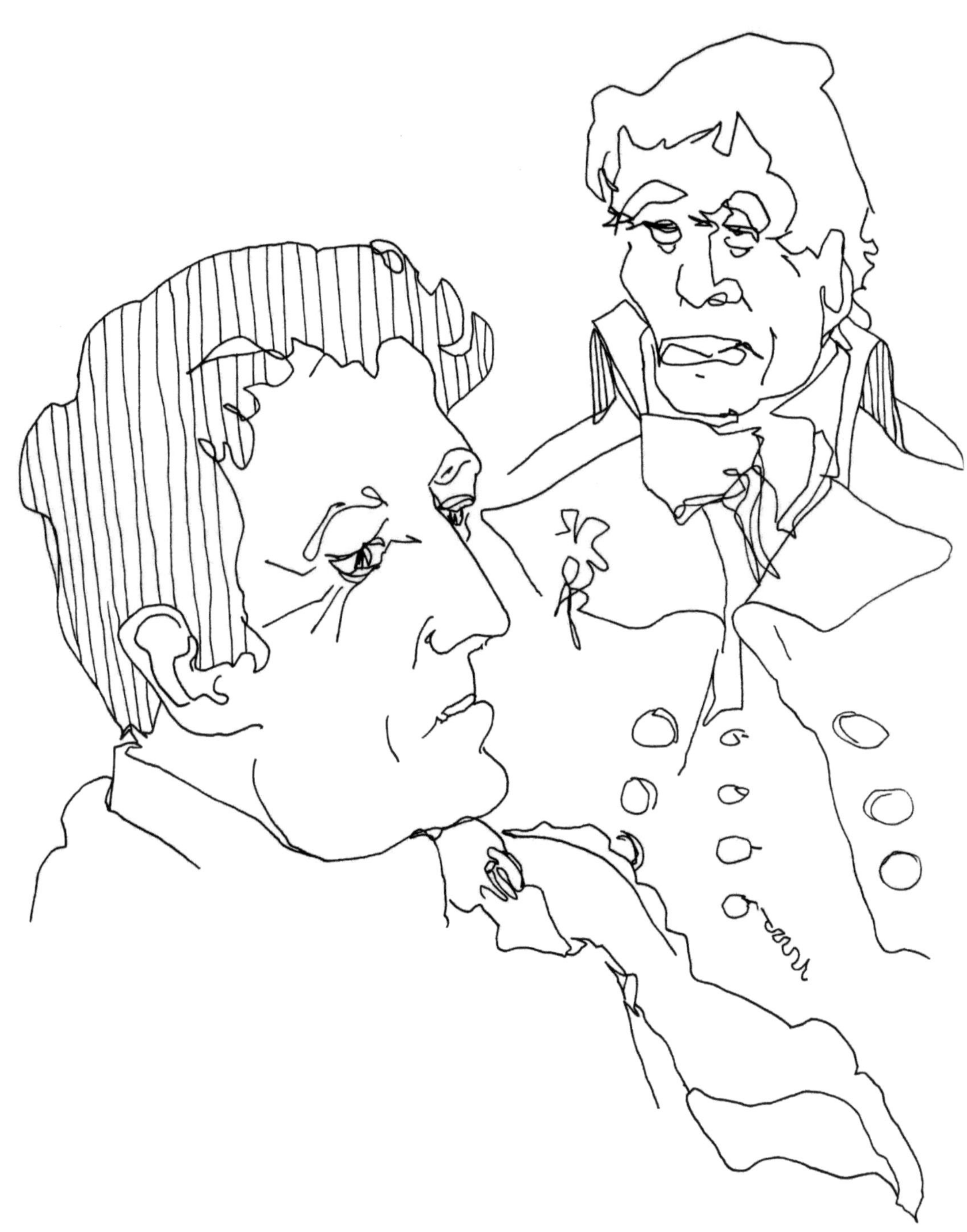

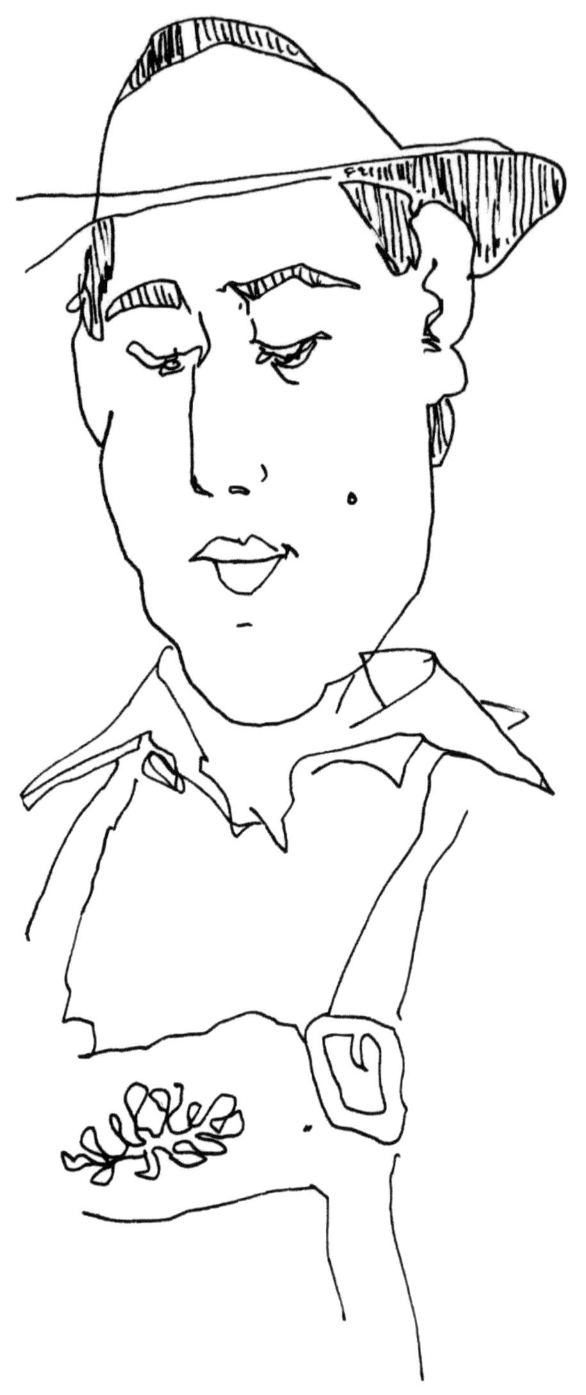

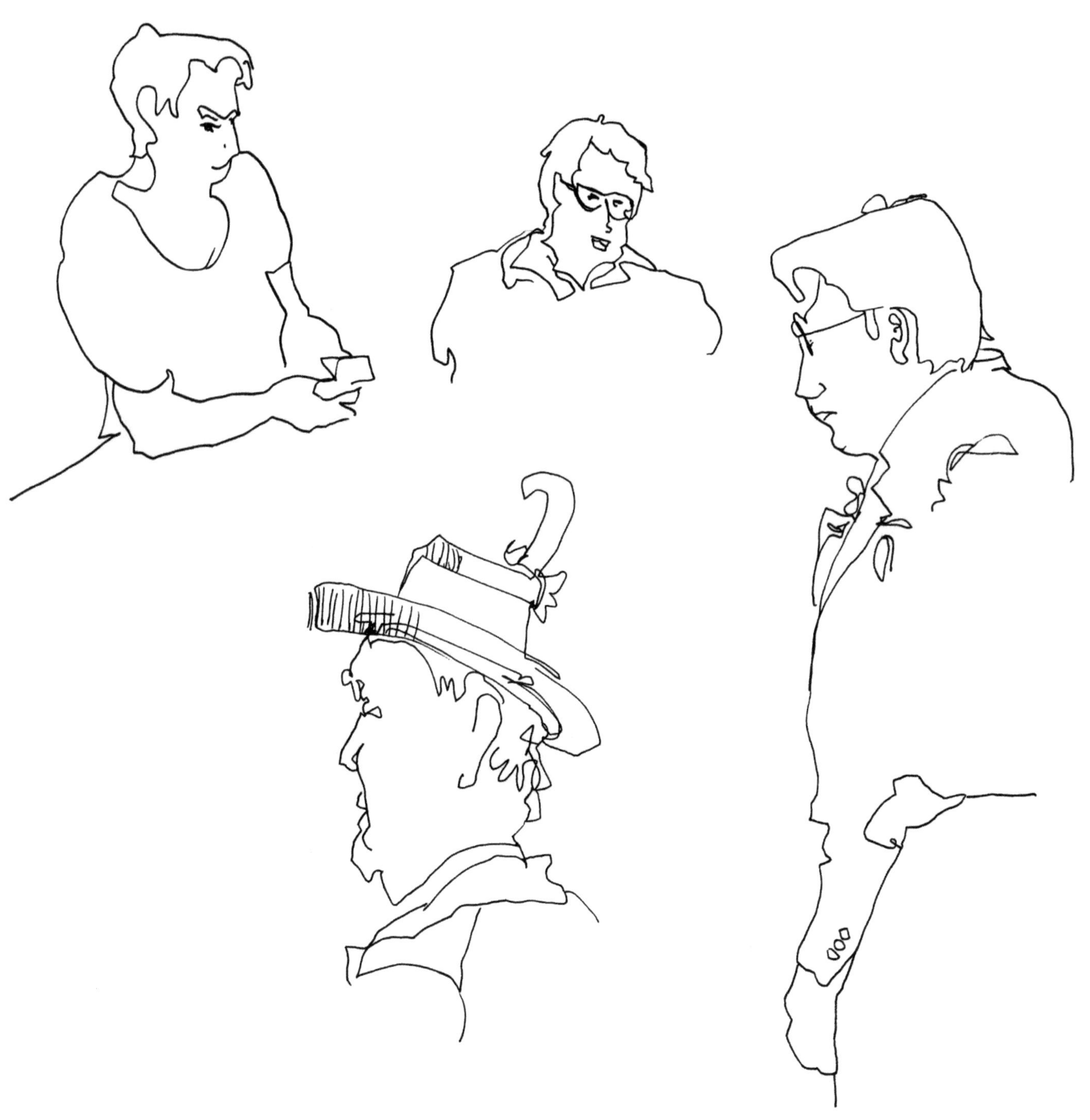

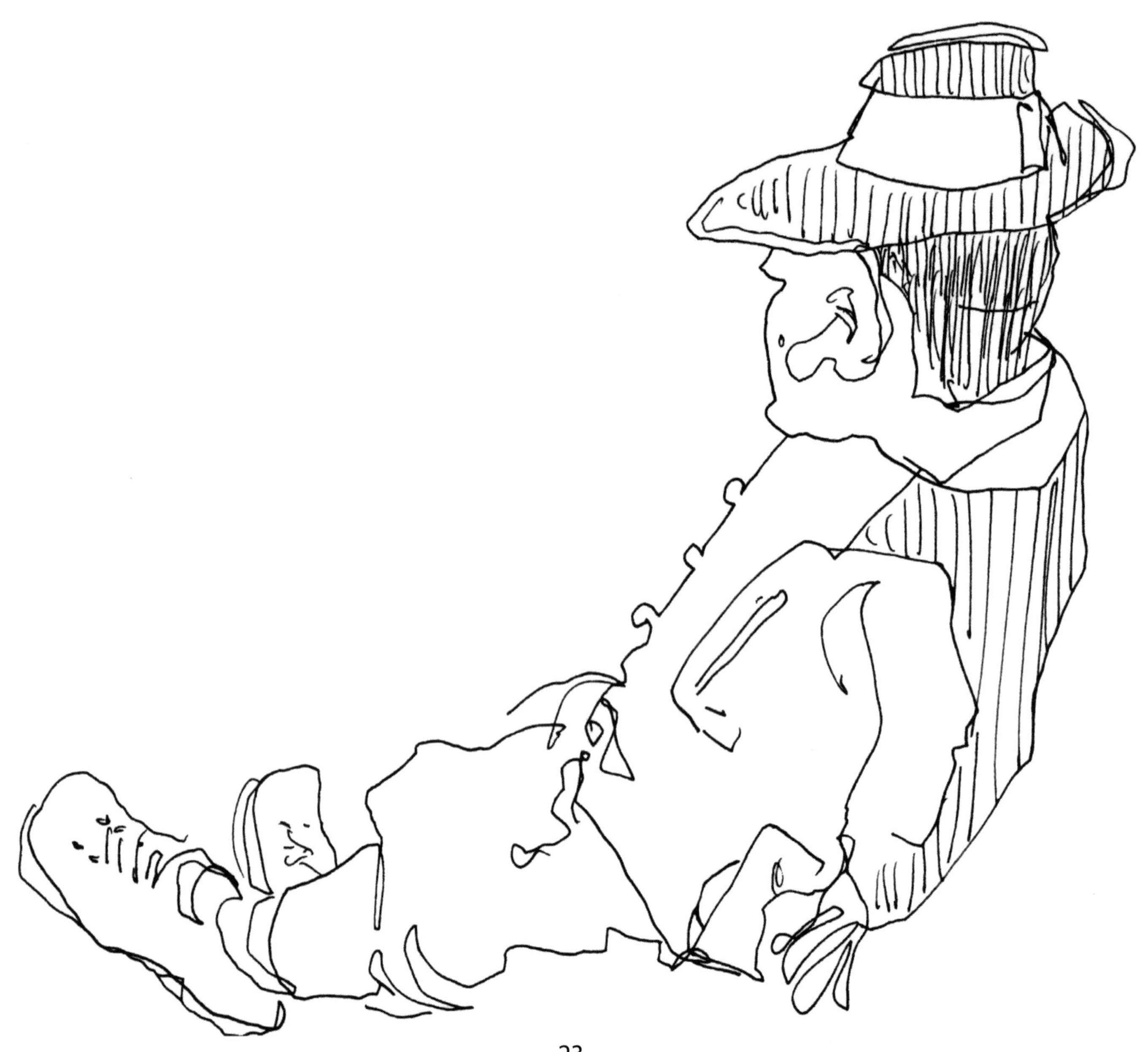

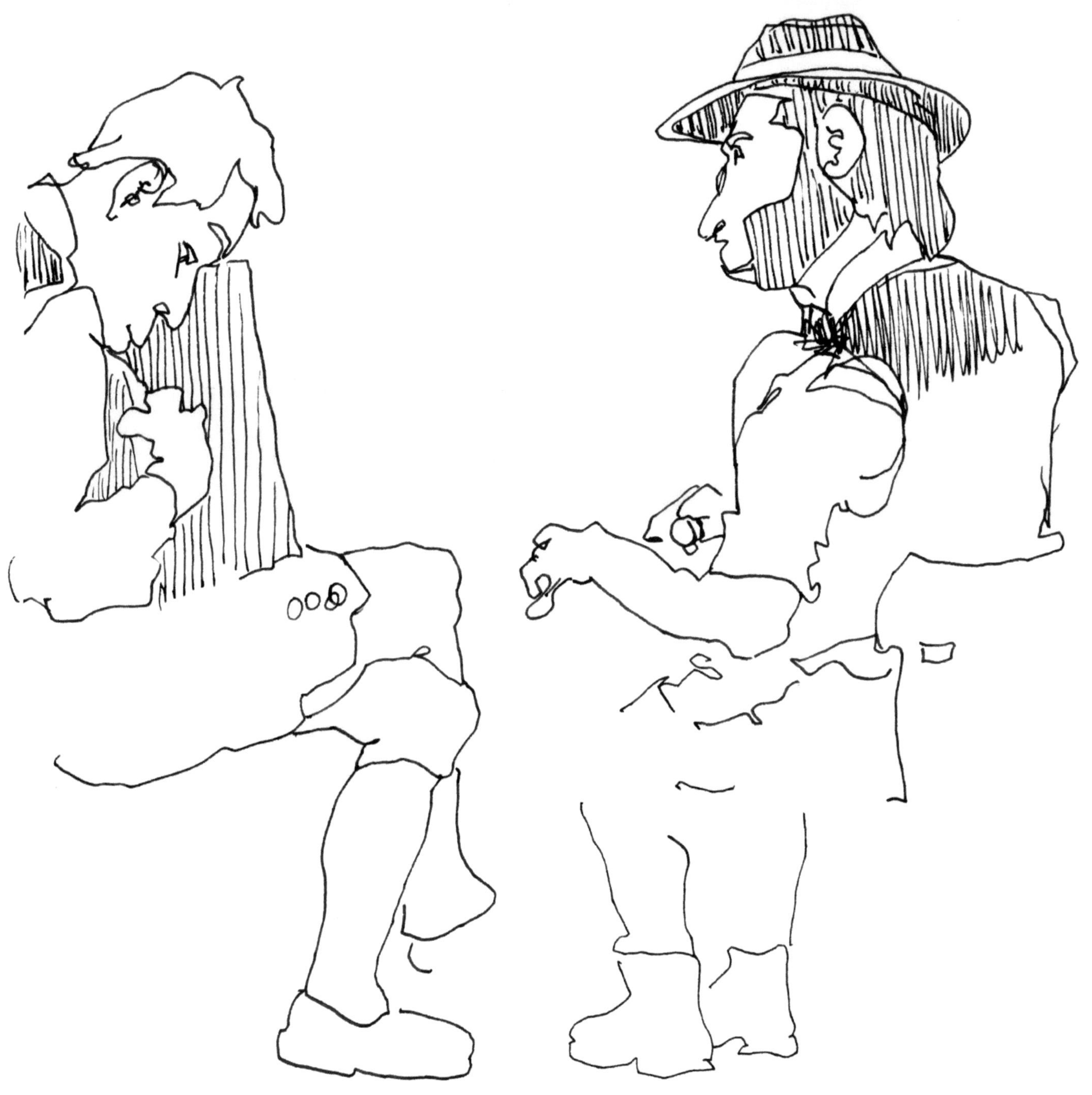

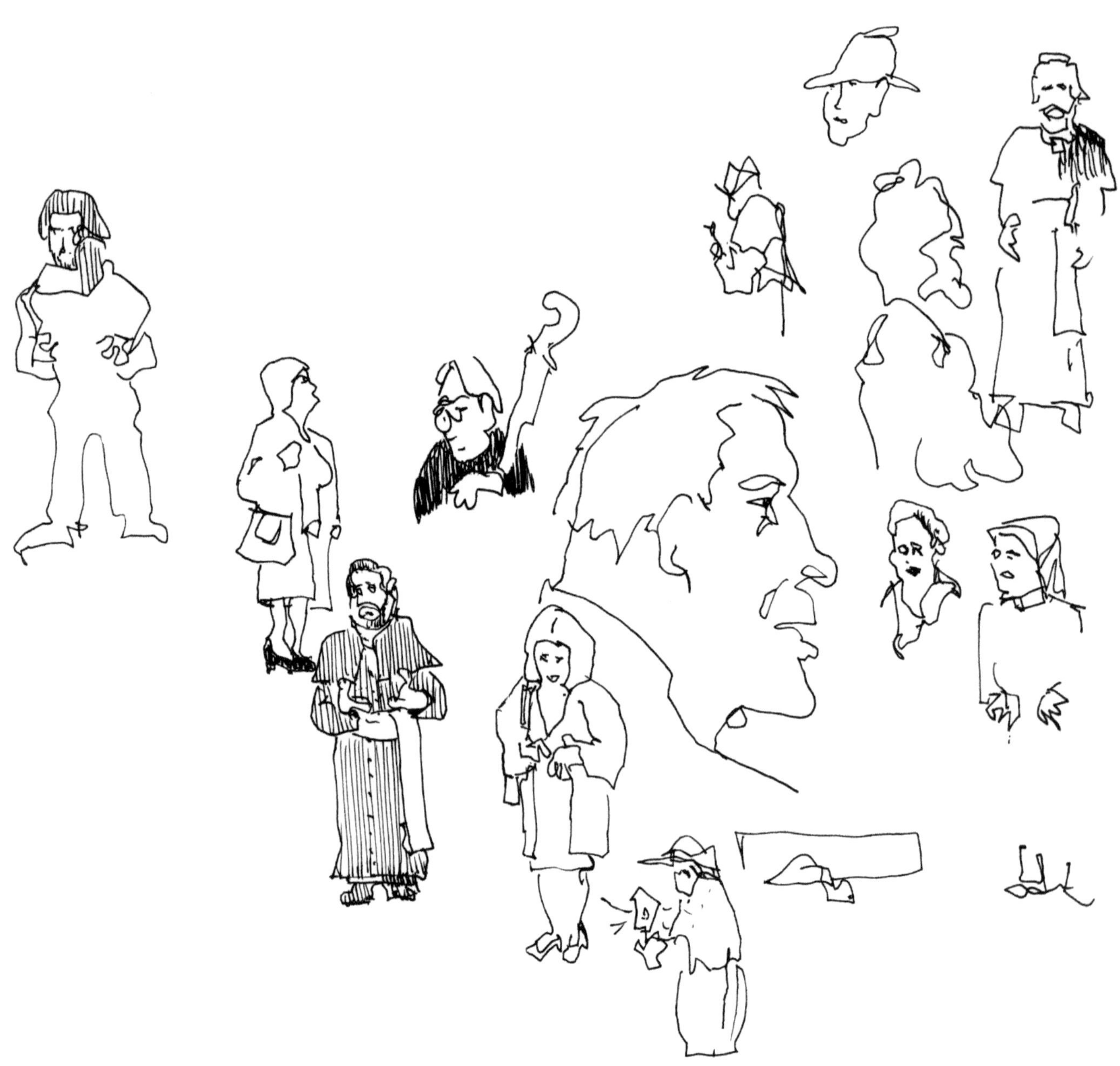

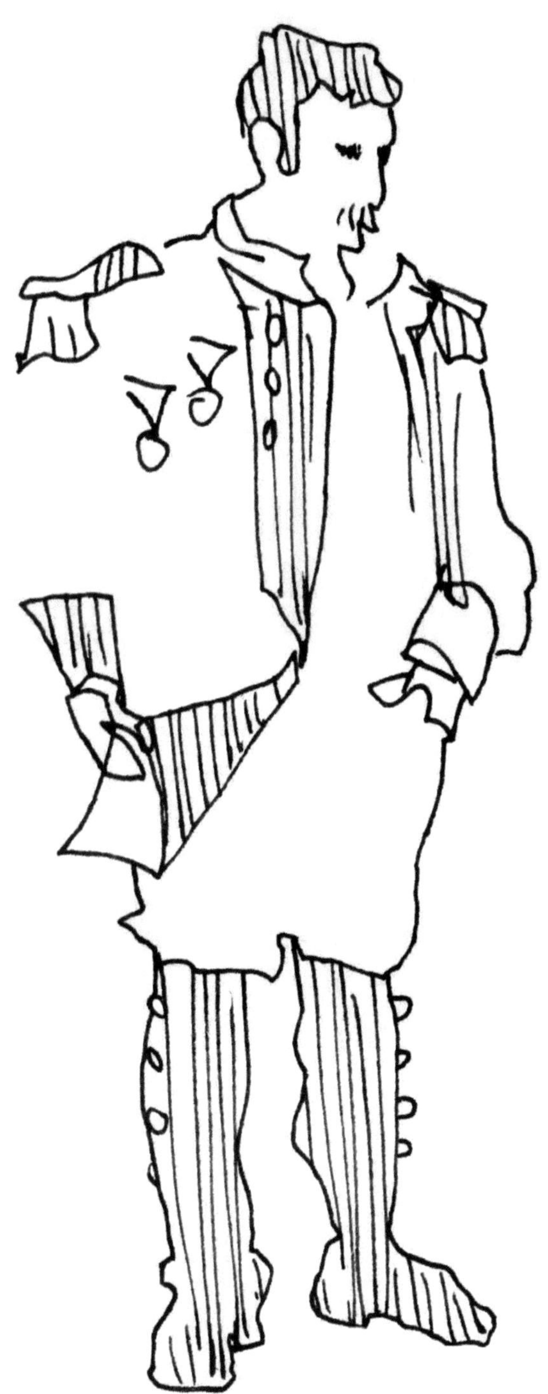

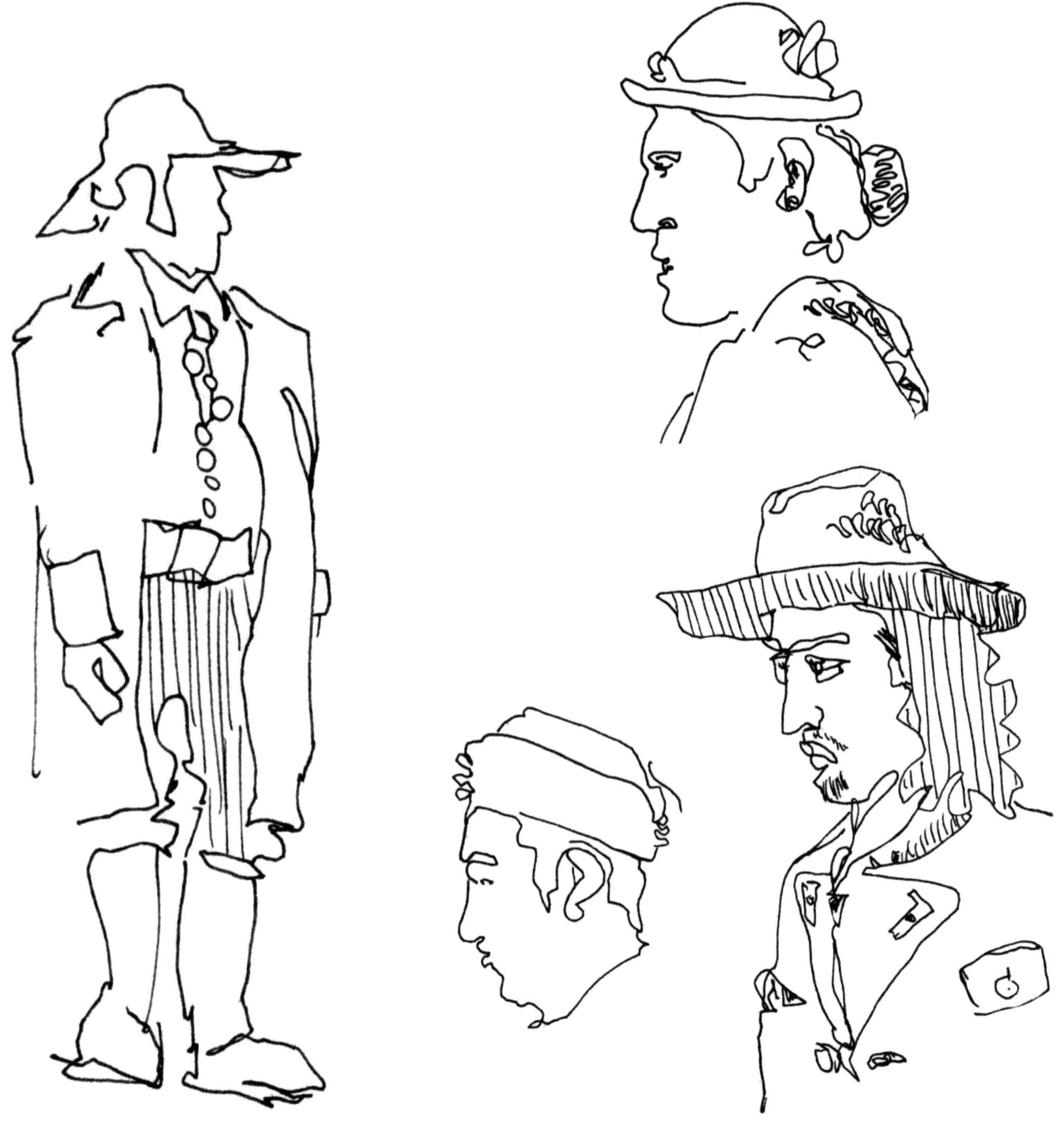

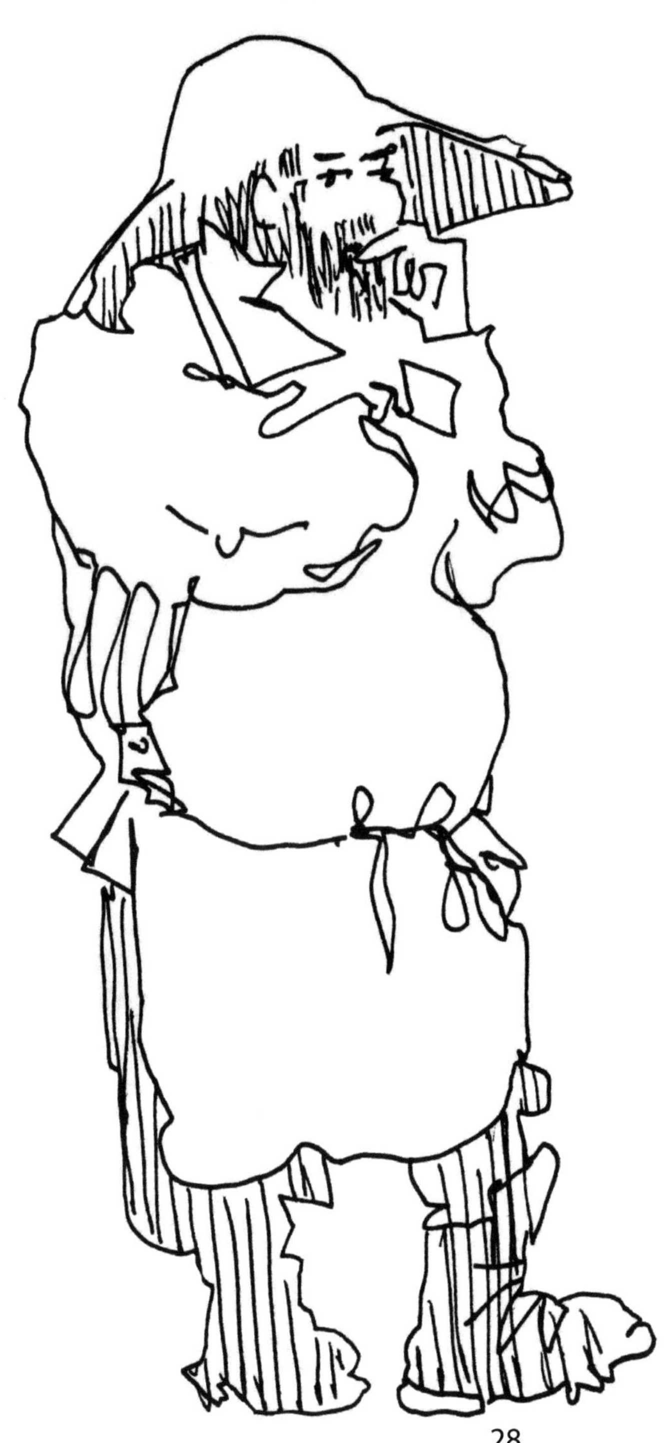

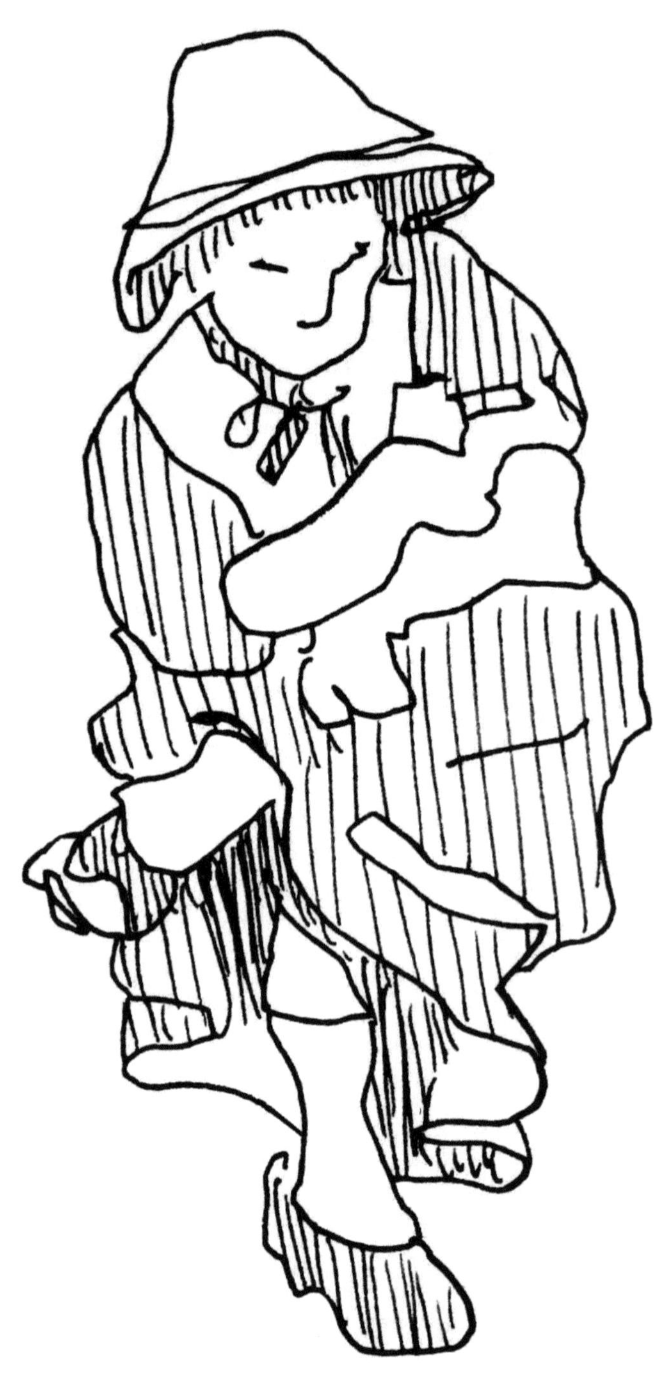

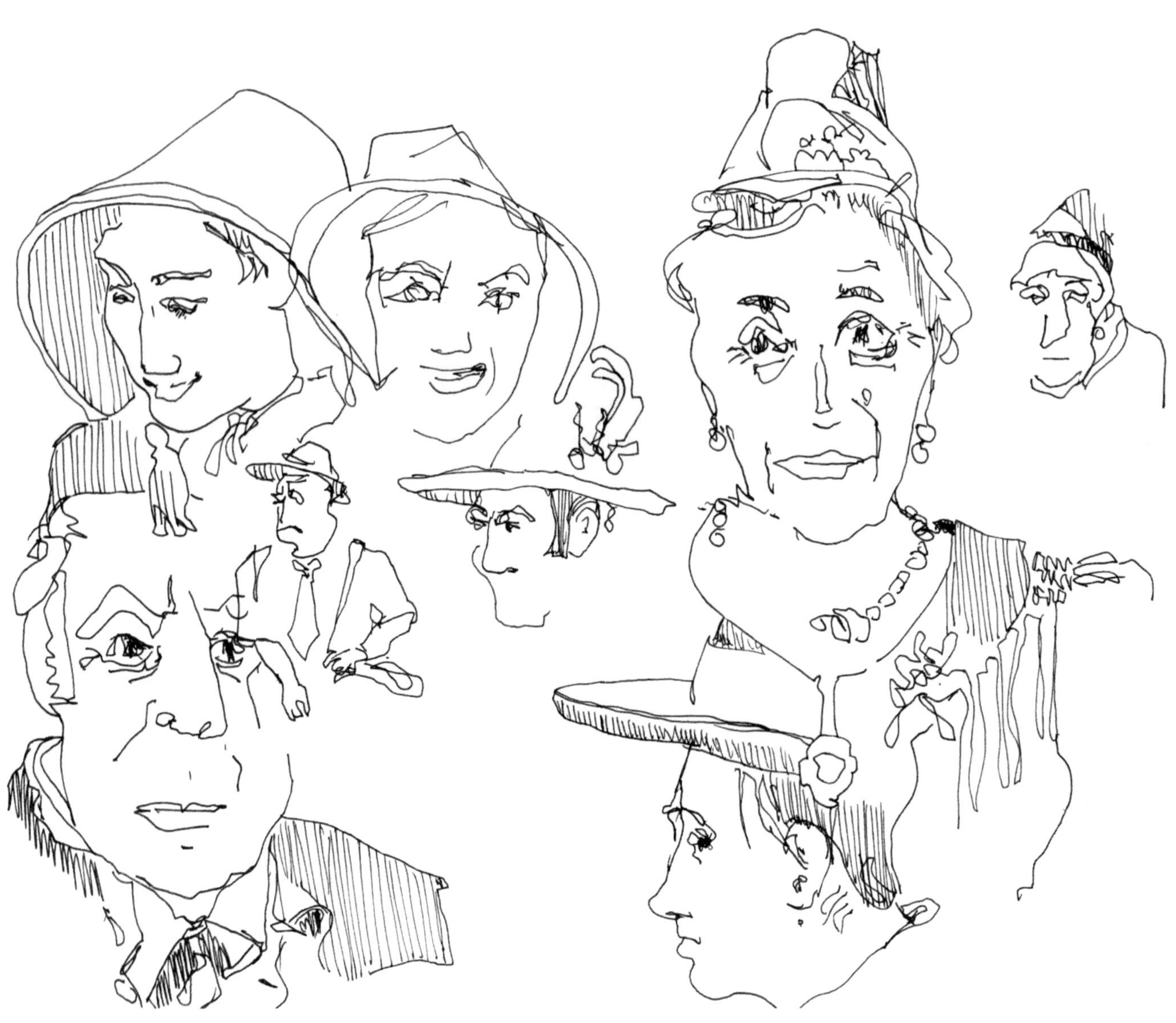

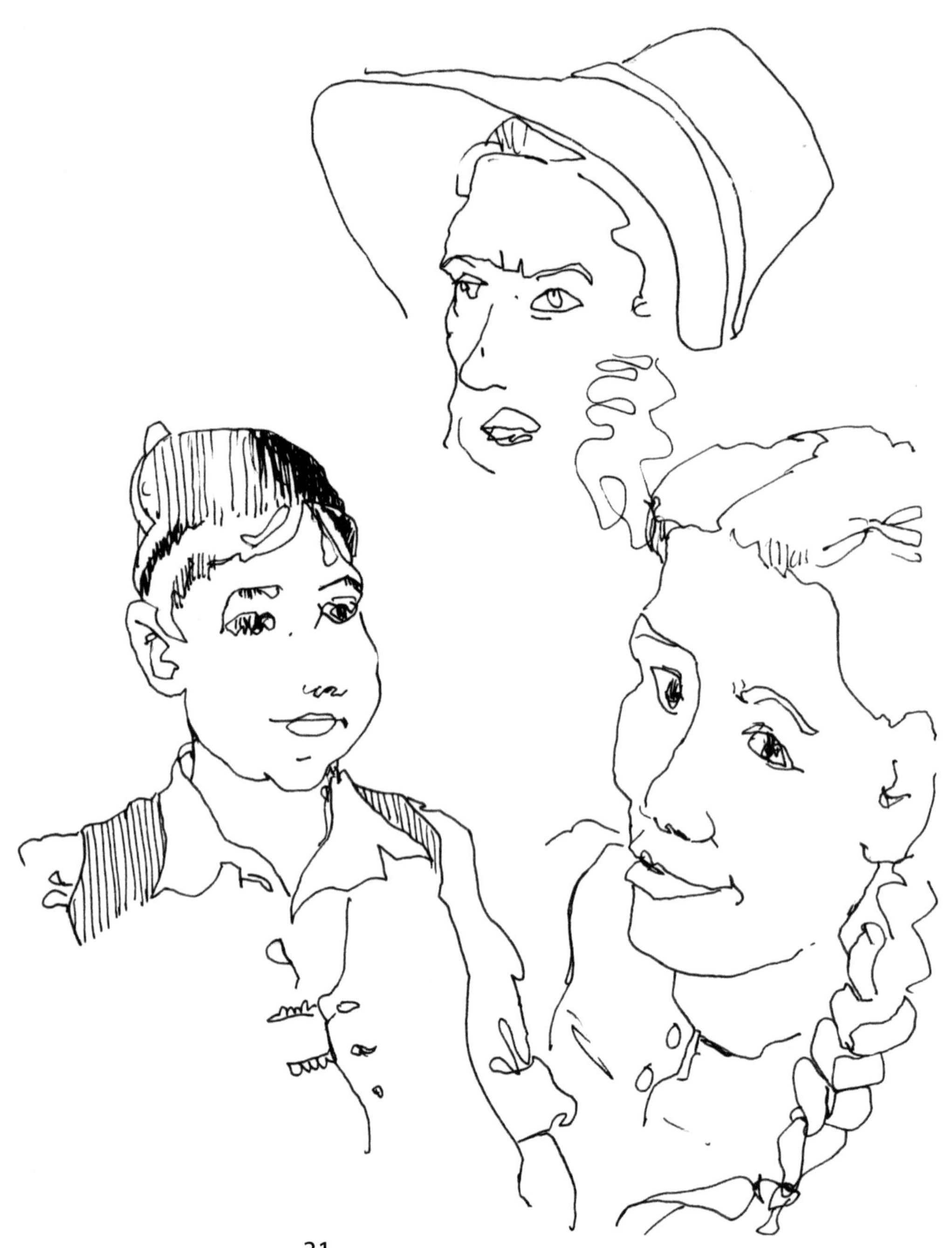

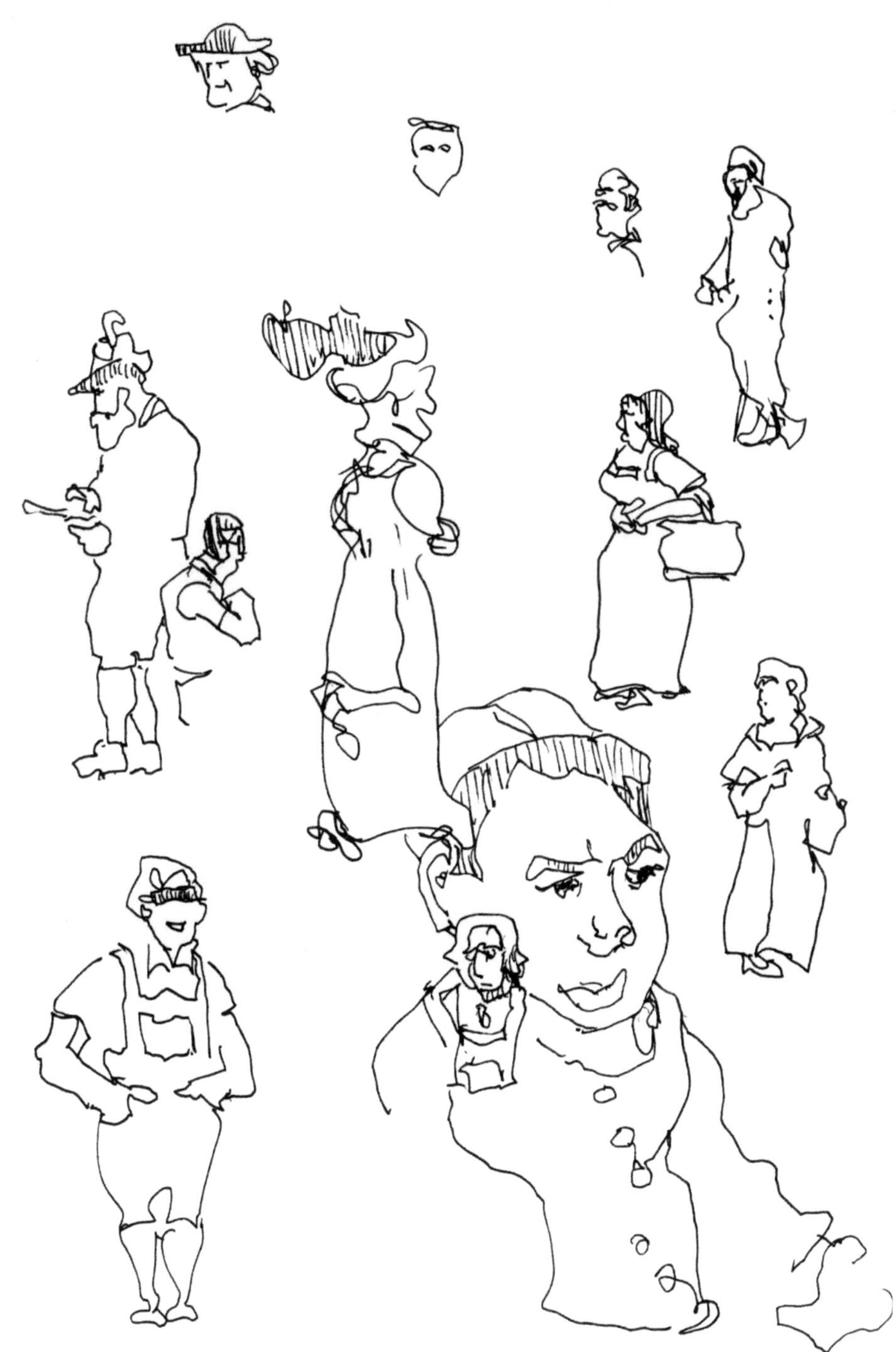

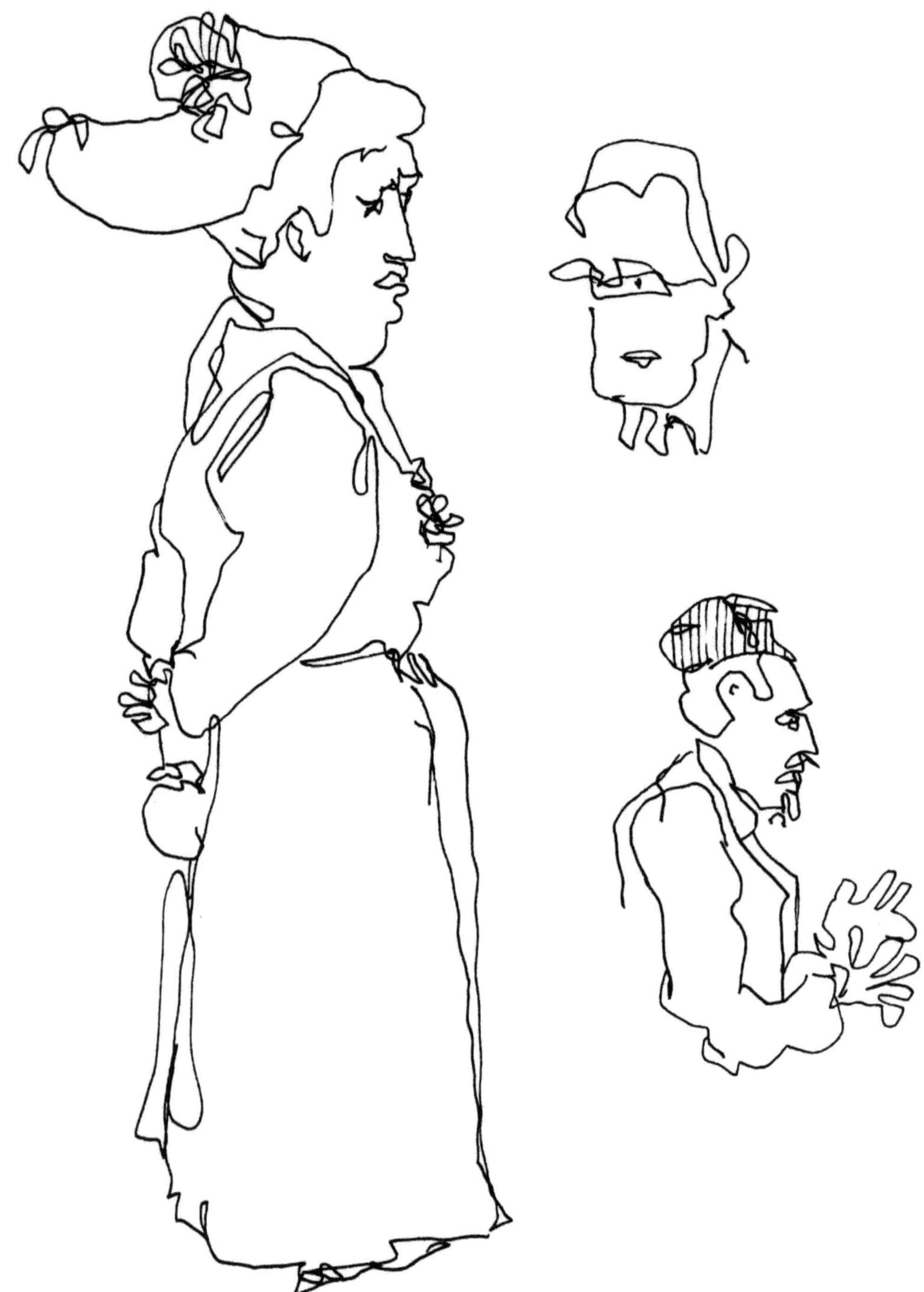

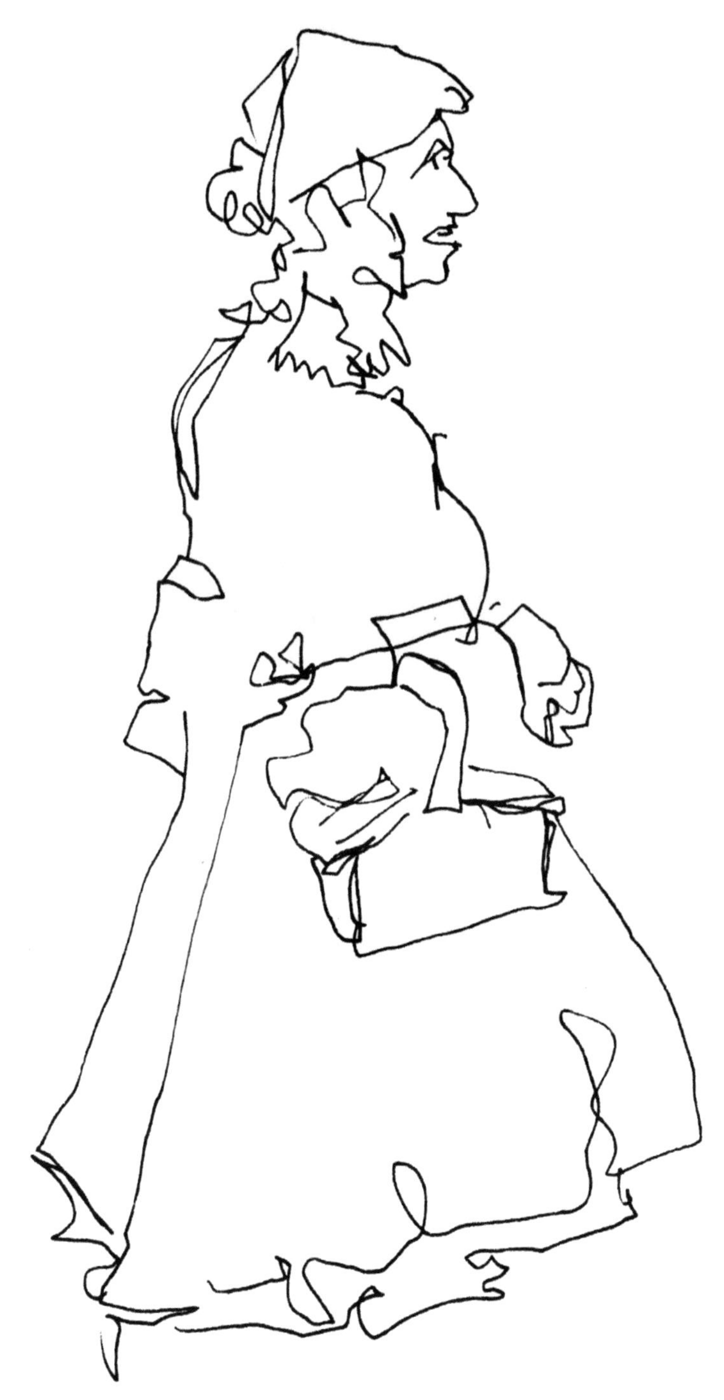

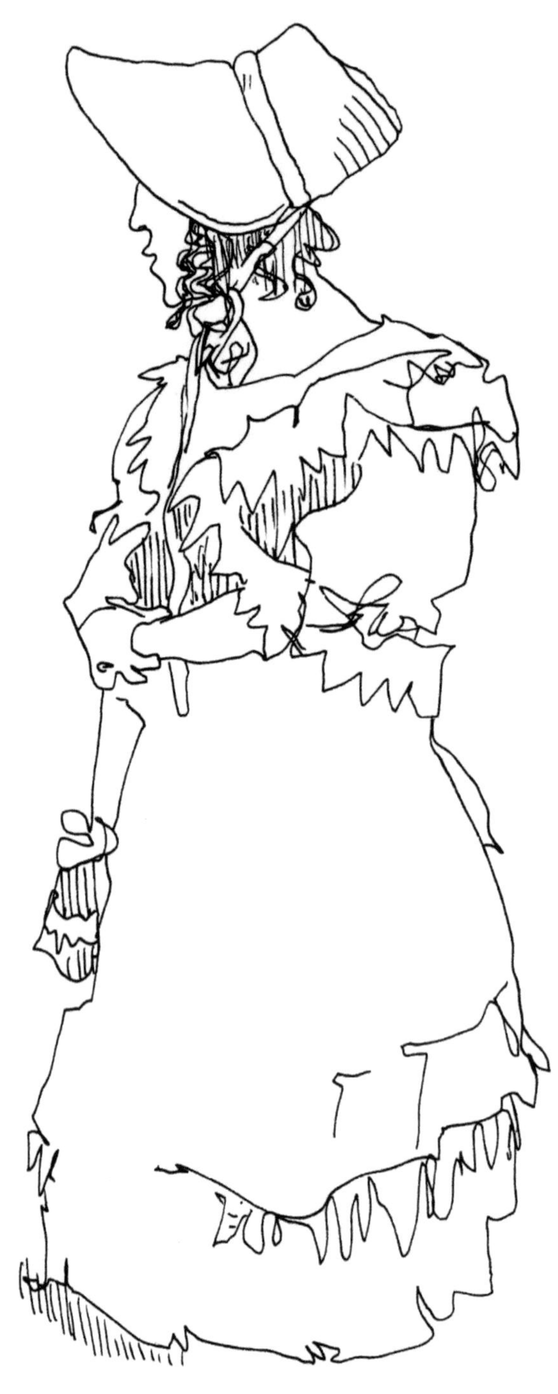

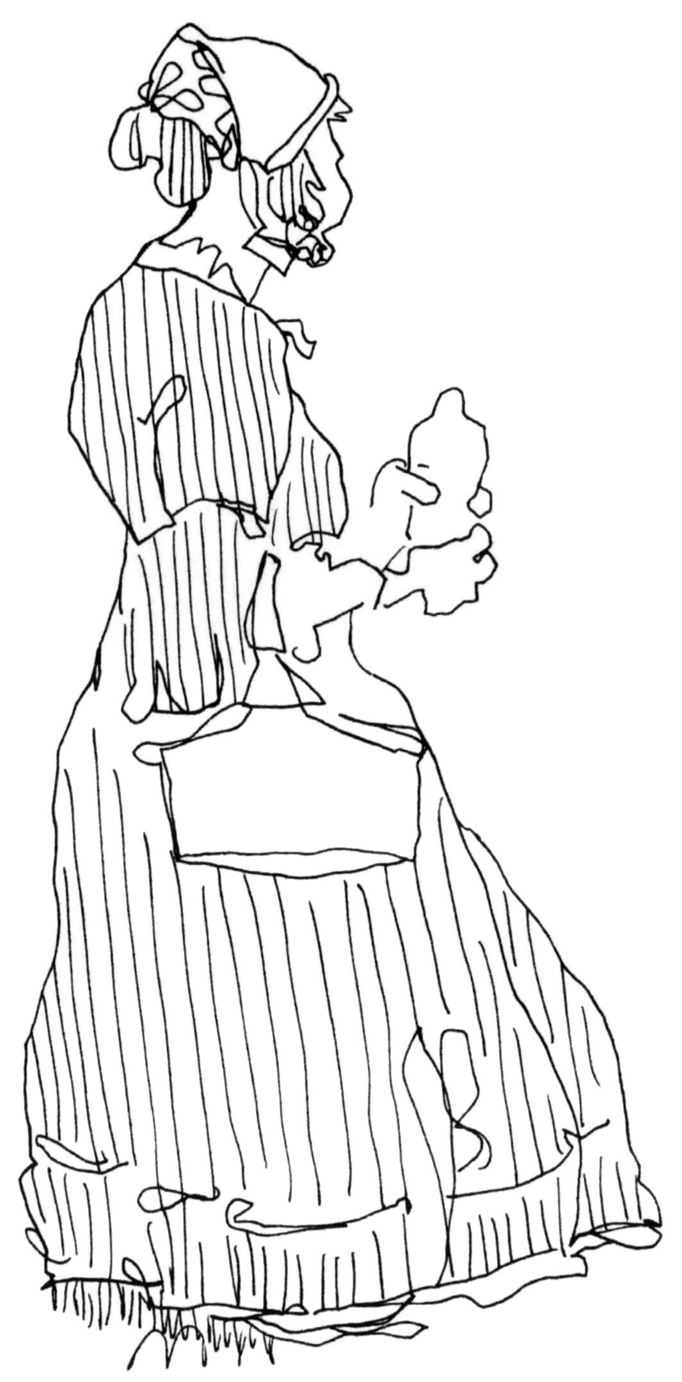

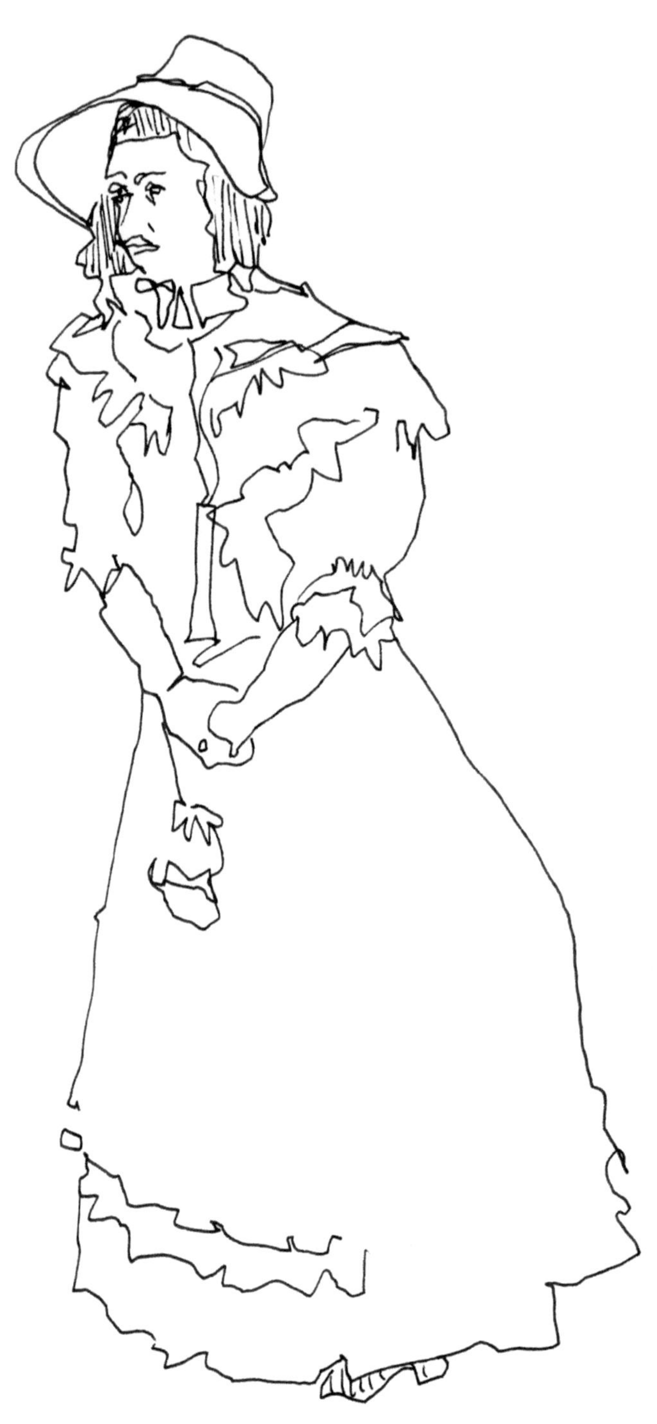

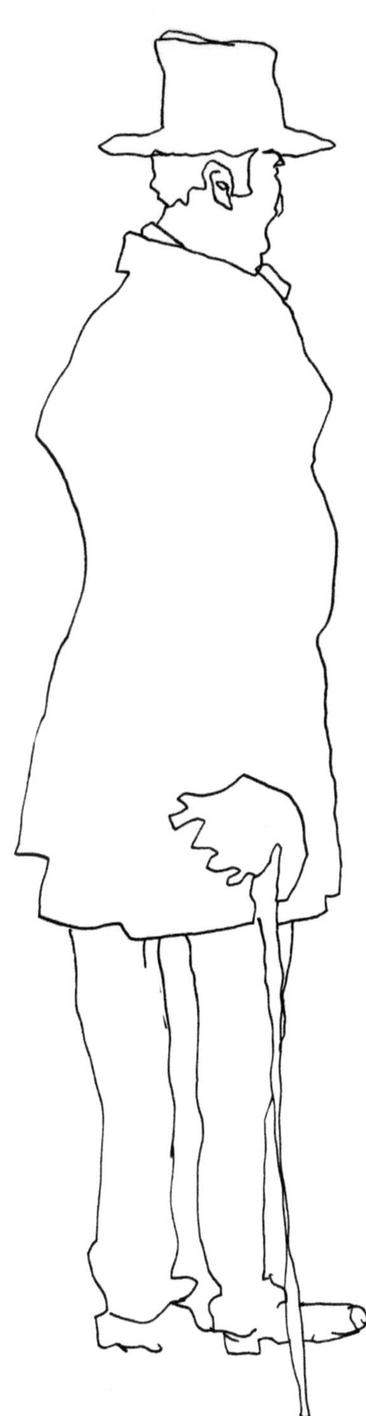

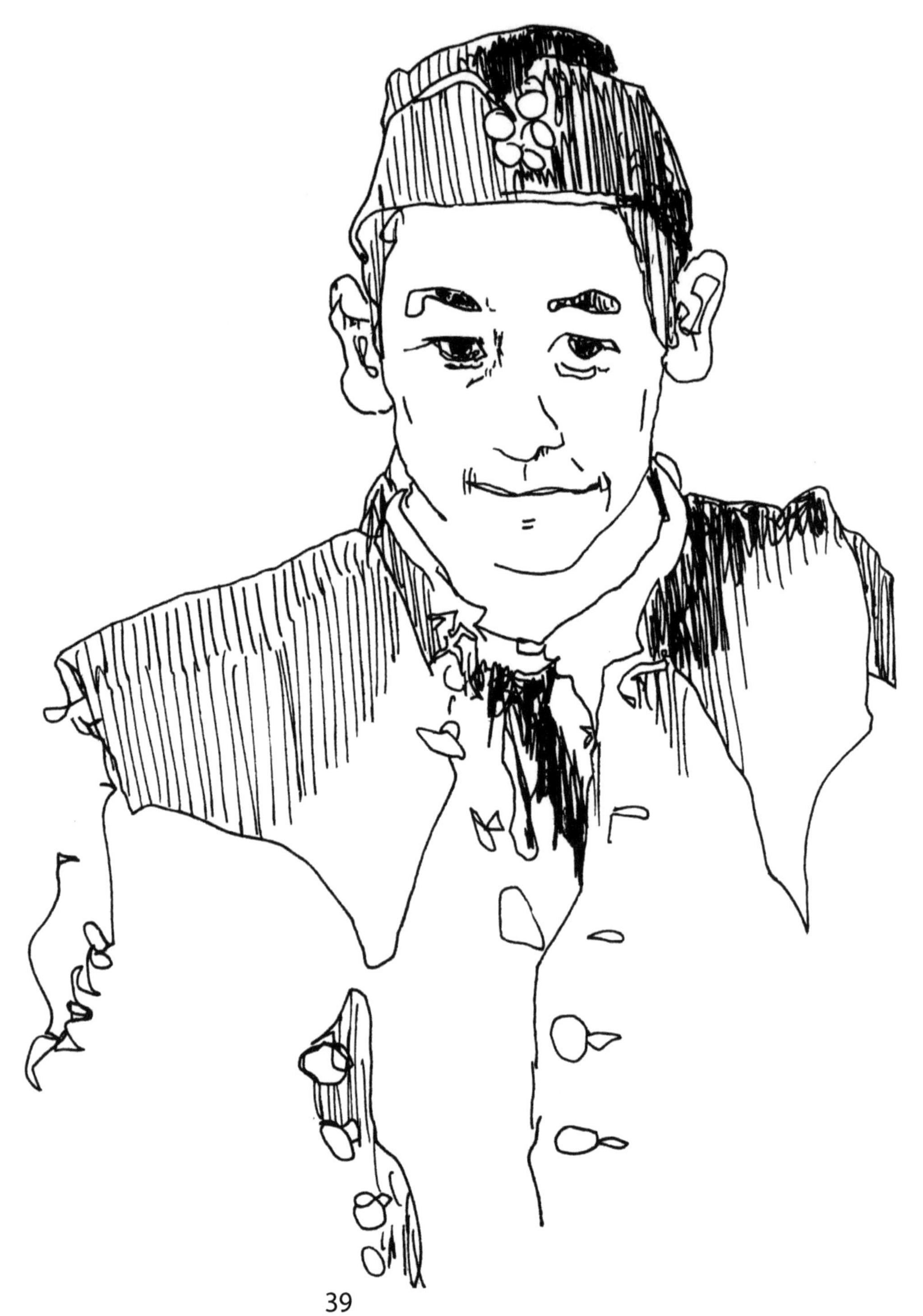

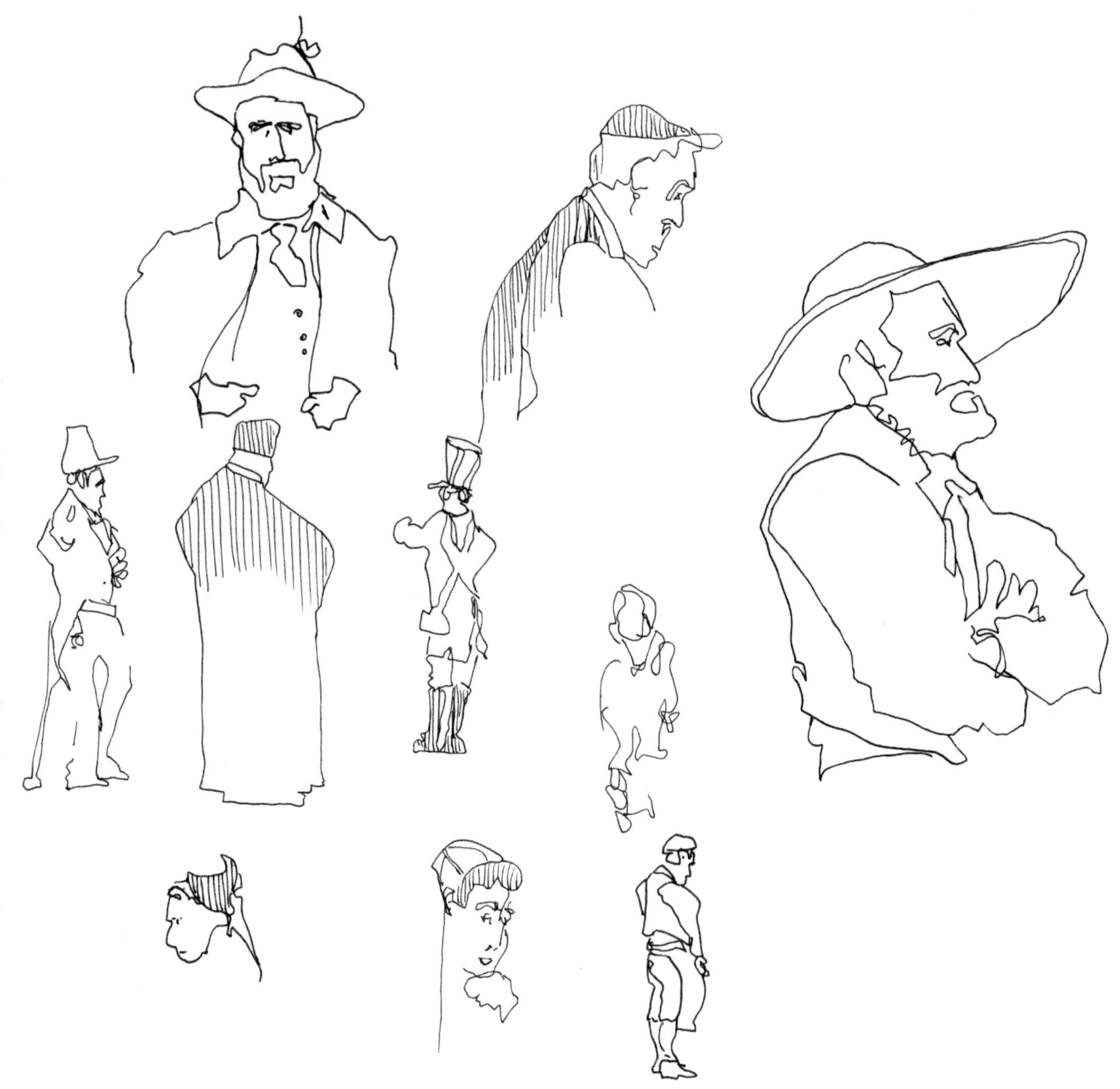

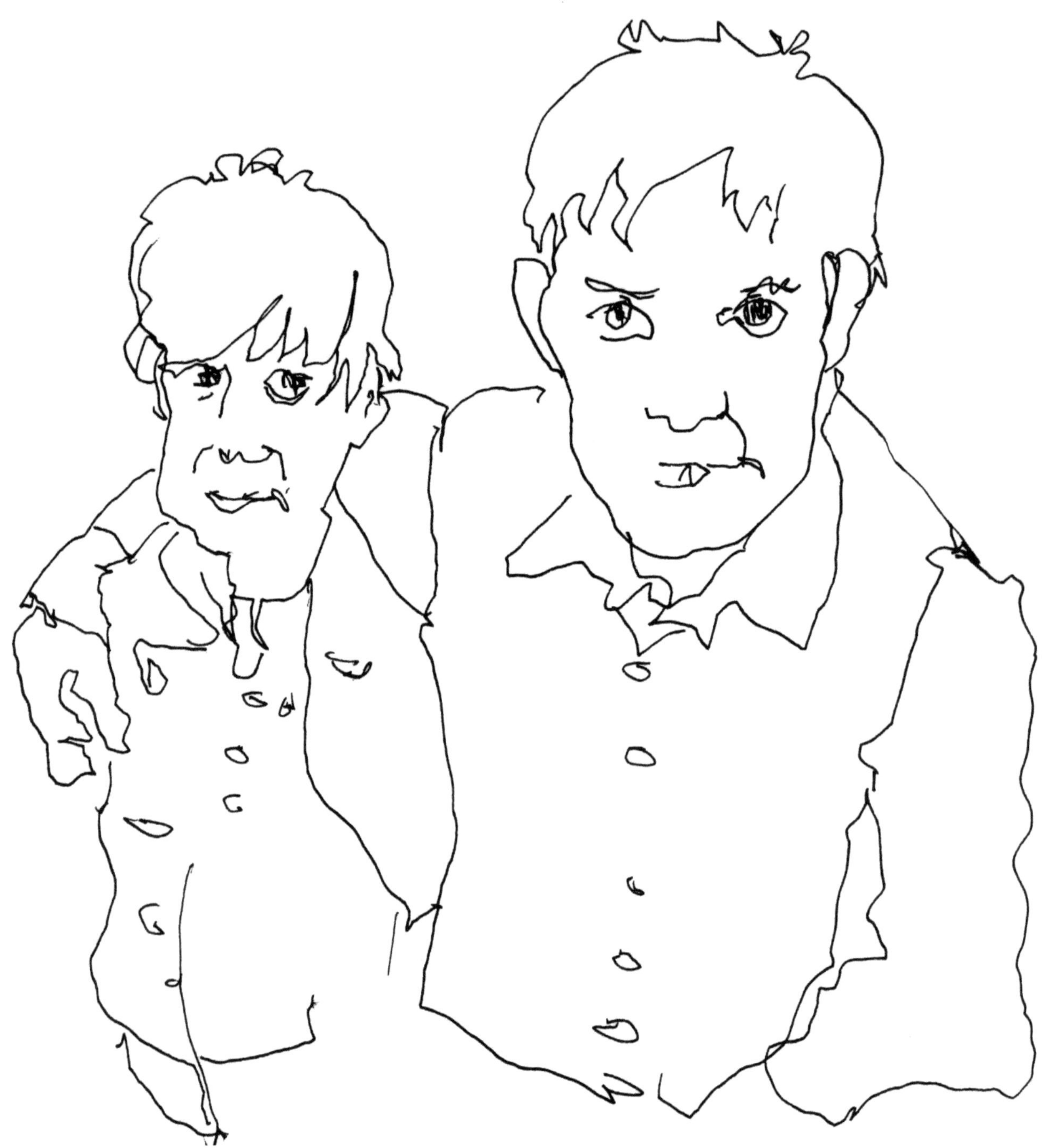

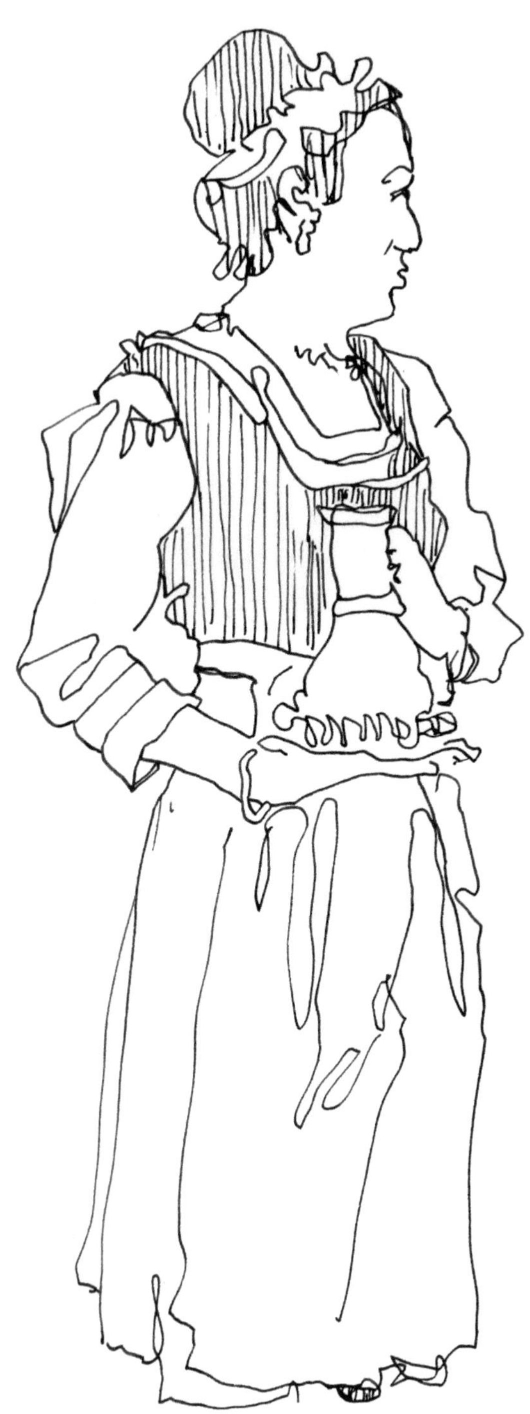

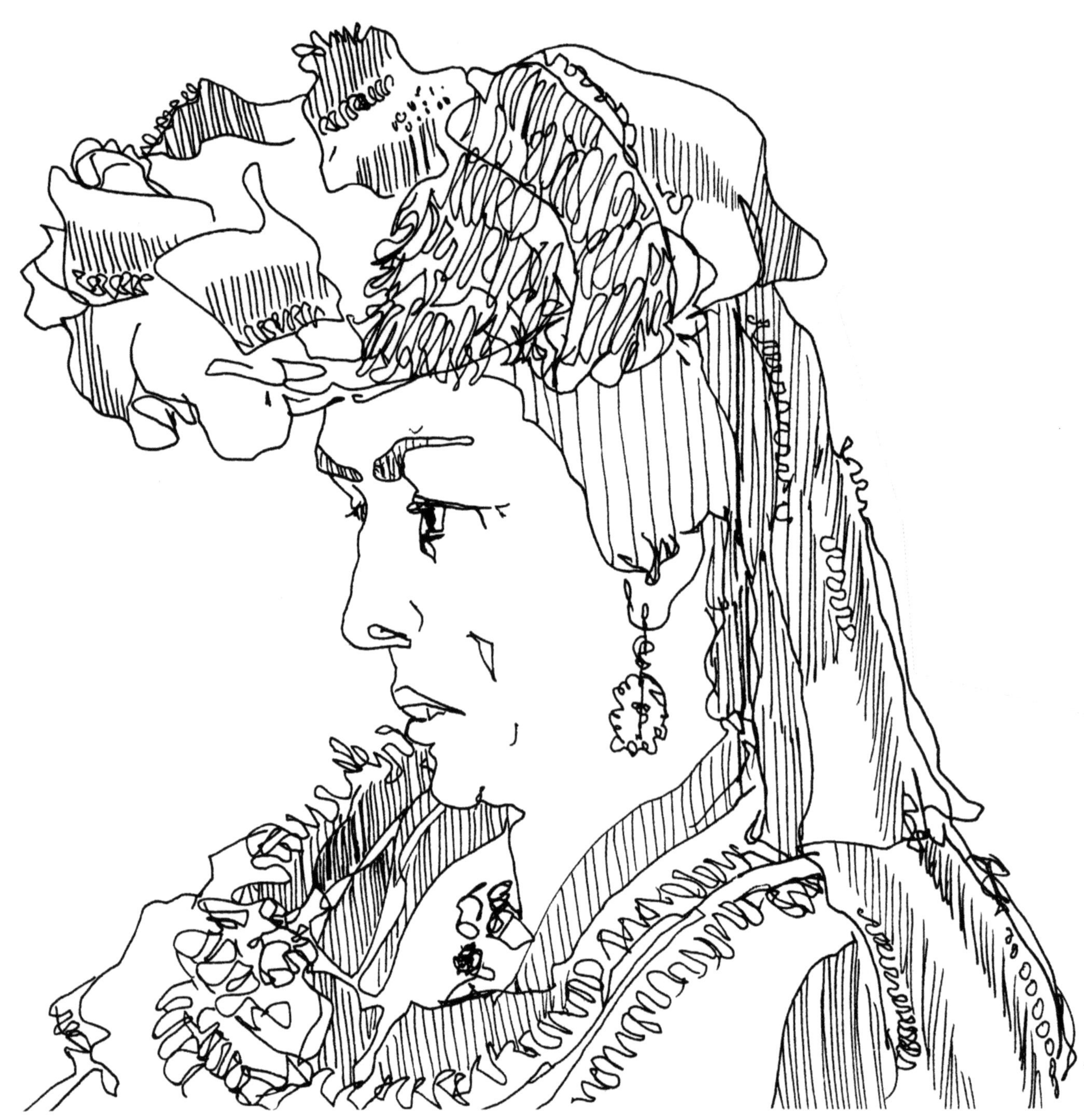

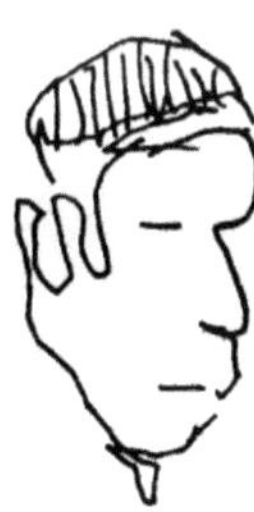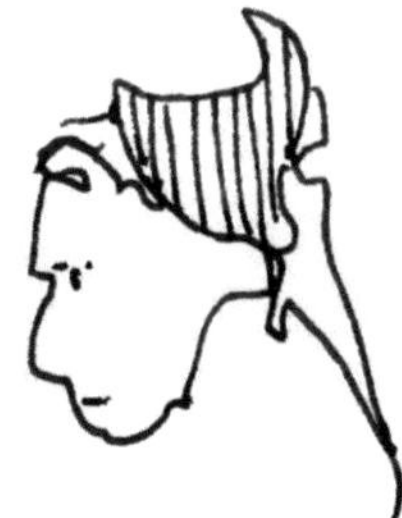

Den Zauber des Festspielsommers werden wir wohl ewig im Herzen tragen.
Den besonderen Dank entbiete ich allen, die ich zeichnen durfte.
Es war mir eine Ehre.

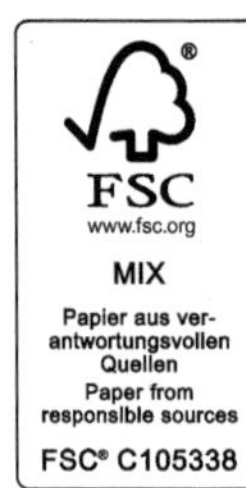